Bahar Yilmaz

EMPOWER
Yourself

Werde zum glücklichsten Menschen, den du kennst

Ansata

Die Verlagsgruppe Random House weist ausdrücklich darauf hin,
dass im Text enthaltene externe Links vom Verlag nur bis zum Zeitpunkt
der Buchveröffentlichung eingesehen werden konnten. Auf spätere
Veränderungen hat der Verlag keinerlei Einfluss. Eine Haftung des Verlags
für externe Links ist stets ausgeschlossen.

Das vorliegende Buch ist sorgfältig erarbeitet worden.
Dennoch erfolgen alle Angaben ohne Gewähr.
Weder Autorin noch Verlag können für eventuelle Nachteile oder Schäden,
die aus den im Buch gemachten praktischen Hinweisen resultieren,
eine Haftung übernehmen.

Verlagsgruppe Random House FSC® N001967

Erste Auflage 2017
Copyright © 2017 by Ansata Verlag, München,
in der Verlagsgruppe Random House GmbH,
Neumarkter Straße 28, 81673 München
Alle Rechte sind vorbehalten. Printed in Germany.
Redaktion: Diane Zilliges
Umschlaggestaltung: Guter Punkt, München,
unter Verwendung eines Motivs von shutterstock
Satz: Satzwerk Huber, Germering
Druck und Bindung: CPI books GmbH, Leck
ISBN 978-3-7787-7523-3

www.ansata-verlag.de
www.facebook.com/Integral.Lotos.Ansata

Für Jeffrey

Inhaltsverzeichnis

Vorwort

Wir alle sind auf der Suche. Du und ich und die gesamte Menschheit. Egal, an welchem Punkt du stehst, egal, welche Aufgaben, Geschenke und Schwierigkeiten dir das Leben bereits offenbart hat, du bist auf deiner ganz persönlichen Suche. Vielleicht ist es die Suche nach absoluter Freiheit oder die Suche nach Glück, die dich antreibt. Vielleicht möchtest du mehr Freude und Leichtigkeit in deinem Leben entwickeln oder einfach mehr zu dir und deiner Lebensweise stehen können. Ich kenne deine Sehnsucht nicht und auch nicht deine Erwartungen an das Leben. Aber eins kann ich mit absoluter Gewissheit sagen: Du und ich, wir gehen den gleichen Weg.

Als ich mich vor einigen Jahren dazu entschied, aus meinem sicheren und gut bezahlten Job auszusteigen und mich voll und ganz dem zu widmen, was mir als persönliche Erfüllung erschien, hätte ich nie erahnen können, dass so viele Hindernisse auf mich warten würden. Bist du auch schon einmal einen Schritt gegangen, der sich dir als dein größter Lehrmeister offenbarte? Hattest du auch schon einmal Zweifel daran, das Richtige zu tun? Meine Entscheidung, spiritueller Coach zu werden, war absolut richtig, aber sie hat von mir so viel Willenskraft und Mut erfordert, wie ich es nie gedacht hätte.

So viele Male war ich kurz davor, alles hinzuschmeißen und mir einfach wieder einen »normalen« Job zu suchen. Ich habe es nicht getan. Immer wieder bin ich aus meinem Drama ausgestiegen und habe mich selbst dazu motiviert weiterzumachen.

Das ist die Formel für Erfolg: Egal, welche Schwierigkeiten sich dir in deinem Leben zeigen, geh weiter, mach weiter. Erfolg heißt nicht, dass alles toll und wunderbar läuft, sondern dass du dich darauf trainierst, immer wieder aufzustehen, weiterzumachen und alle Situationen als sinnvoll und zielführend anzusehen.

Ich weiß nicht, was du suchst oder vom Leben erwartest. Vielleicht ist es dir im Moment auch noch nicht so ganz bewusst. Das spielt keine Rolle. Ich möchte dich mit diesem Buch dabei begleiten herauszufinden, was dich bewegt und motiviert, was dir Lebenssaft gibt. Gleichzeitig wirst du identifizieren, was dich blockiert, hemmt und davon abhält, die erfolgreichste und glücklichste Person zu sein, die du sein kannst.

Aber Achtung: Dies ist kein Buch, das dir einfach nur Theorie oder Inhalte serviert. Es wird dich immer wieder auffordern, die besprochenen Themen in dein Leben zu integrieren und alles, was du in den Kapiteln lernst, in aktives Tun zu überführen. Echte Resultate und Erfolge erzielen wir nur dann, wenn wir unser Denken, Fühlen und Handeln in Einklang bringen. Dann zielen alle Ebenen auf ein gemeinsames Ziel, und wir können es tatsächlich erreichen.

Kennst du das: Du liest ein Buch zum Thema, sagen wir mal »liebevolle Beziehungen«. Das Buch ist spannend, und viele der Inhalte inspirieren dich neu, auch wenn sie dir im Kopf bereits bekannt waren. Vielleicht bemerkst du, dass du beginnst, deine Gedanken in eine liebevollere Richtung hin zu ändern. Das gefällt dir. Neues Denken ist schon mal ein guter Start in die richtige Richtung. Was passiert aber nach ein paar Tagen oder Wochen, wenn das Buch fertig gelesen ist? Die alten Denkmuster schleichen sich wieder ein und egal, wie gut das Buch geschrieben war und wie viel Inspiration es dir gegeben hat, du fällst wieder in die alten Storys zurück. Wieso passiert das? Der Grund liegt darin, dass die Inhalte allein dein Leben und Sein nicht verändern oder gar transformieren können. Es braucht unbedingt das Einüben des Neuen und das aktive Tun und Integrieren der Inhalte. Und das kann nur eine ganz bestimmte Person tun: du!

Wir alle denken gern, dass wir uns spirituelle Inhalte nur einverleiben bräuchten oder dass sich nach dem Besuch eines Seminars oder Kurses das Leben komplett verändert. Aber das ist schlichtweg eine Illusion und eine Lüge. Dein Leben kann sich verändern, vollkommen verändern sogar – aber dafür musst du bereit sein, etwas zu tun. Hört sich das für dich unbequem oder nach »Arbeit« an? Genau deswegen bin ich mit diesem Buch, das du hier in der Hand hältst, einen gänzlich neuen Weg gegangen. Mit *Empower Yourself* wirst du zu deinem eigenen Trainer, mehr noch: Du wirst die pure Motivations- und Inspirationsquelle für dich selbst. Du wirst gar nicht anders können, als jeden Tag dafür zu nutzen, mehr du selbst zu sein und ein Stück näher an dein Potenzial heranzukommen. Was dir dieses Buch anbietet, wird eben genau keine Arbeit sein, sondern ein Tun, das dir gut gefällt und dir eine echte Form von Erfüllung gibt.

Du wirst erkennen, dass du der wichtigste Mensch in deinem Leben bist. Das hat nichts mit Egoismus zu tun, sondern mit der tiefen Erkenntnis, dass du als der Mensch, als der du geboren wurdest, dieser Erde so viel Gutes und Wundervolles zu geben hast. Diese Aufgabe aber kannst du nur erfüllen, wenn du gut für dich sorgst und dein Potenzial zum Blühen bringst. Genau dabei möchte ich dich unterstützen. Und dabei, deine Lust am »Du-Sein« zu erleben und an deiner Lebendigkeit.

Vielleicht ist *Empower Yourself* dein erstes Buch zur persönlichen Selbstentfaltung oder du hast schon x »solcher« Bücher gelesen. Du hast dir vielleicht sogar gedacht: »Ah, schon wieder so ein Selbst-Coaching-Buch. Brauch ich das überhaupt? Da steht ja eigentlich immer das Gleiche drin.« Du hast absolut recht! Du brauchst dieses Buch nicht, denn alles, was darin steht, weißt du bereits. Aber etwas ist hier doch ganz anders und völlig neu. Und genau das wird dich weiterbringen.

Hast du schon festgestellt, dass du ziemlich genau weißt, was du besser und anders machen müsstest, um eine erfülltere Version von dir selbst zu sein – aber irgendwie schaffst du es nicht? Du kannst es nicht umsetzen und bleibst immer wieder an den gleichen Punkten im Leben hängen. Irgendetwas oder irgendwer blockiert dich. Wirklich? Glaub mir, da ist nichts, was dich blockieren könnte, zumindest nicht außerhalb von dir selbst. Alles, was dich behindert, ist »hausgemacht«. Es sind Glaubenssätze, Überzeugungen und Ideen, die deinem Erfolg im Weg stehen. *Empower Yourself* will dich darin begleiten, diese problematischen »Spezialitäten des Hauses« aufzudecken und zu transformieren. Schritt für Schritt kommst du dann deinem inneren Wissen und Können näher und entdeckst, welche Geschenke du mit hierher auf die Erde gebracht hast.

Darin unterscheidet sich dieses Buch von den vielen anderen, die es auf dem spirituellen Markt gibt. Wir werden hier nicht nur über Transformation und positive Veränderungen reden, sondern du wirst mit praktischen Tools und Techniken alles unmittelbar integrieren und in dein Leben übertragen. Dadurch entstehen unfassbar wirksame Welleneffekte, die dein gesamtes Sein, dein komplettes System verändern. Dazu zählen deine Gesundheit, dein Beruf, deine Beziehungen und vieles mehr. Dort, wo andere Bücher die Reise zur Selbstentfaltung beenden, dort beginnen wir sie.

Deswegen werde ich dich auch nicht mit seitenlangen Theoriekapiteln behelligen, sondern dich nach einem kurzen knackigen Inspirationsinput sofort ins Tun und Integrieren führen. Dabei richten wir den Fokus ganz bewusst auf dein Denken, Fühlen und Handeln und erschaffen nicht nur neue, frische Gedanken, sondern auch lebendige Gefühle und Verhaltensweisen. Alles, was du benötigst, um für dich selbst und diese Welt ein liebevoller Ausdruck der universellen Intelligenz zu sein, ist in dir. Was es nur braucht, ist eine Art von Software-Update. Dieses Update liefert das Fundament dafür, dass du dein Potenzial auch wirklich entfaltest und beginnst, dich voll und ganz zu leben und zu lieben.

Empower Yourself macht vom ersten Schritt an Freude. Aber: Es hat nichts mit Feel-Good-Spiritualität zu tun. Die will dir erzählen, dass alles im Leben wunderbar und perfekt verlaufen kann, wenn du einfach deinem Herzen folgst und deiner inneren Führung vertraust. Auf einer gewissen Ebene ist das auch richtig. Aber ein bedeutender Teil des Lebens wird dabei verleugnet: die Schatten, Ängste und Unsicherheiten, die wir auch in uns haben. Sie sind nicht falsch, sie sind unsere wichtigsten Lehrmeister und wollen uns in unserer zentralen Aufgabe auf Erden unterstützen: der Aufgabe des Lernens.

Wenn alles »Friede, Freude, Eierkuchen« wäre, würden wir uns persönlich und auch kollektiv nicht entwickeln. Denk mal für einen Moment an vergangene Situationen zurück, die für dich schwierig waren. Waren es nicht genau diese dunklen Stunden, die dich in deiner Entwicklung getriggert und deine Lebensrichtung verändert haben? Waren es nicht die Probleme in deinem Leben, die dich zu Veränderungen angestoßen haben? Alles, was in deinem Leben schiefzulaufen schien, ist genau richtig verlaufen: zugunsten von nötigen Veränderungen und Kurskorrekturen. Eigentlich sollten wir für all das, was nicht »rund« läuft, dankbar sein. Denn Leben heißt Bewegung, Weiterfließen und Veränderung. Und dafür braucht es ab und an einen Stolperstein.

Lass uns gemeinsam genau dort einsteigen: in der Flexibilität und der Lebendigkeit des Seins. Ich wünsche mir von Herzen, dass *Empower Yourself* dir all das vermitteln kann, was mich im Leben immer wieder hat aufstehen lassen. Dank all dieser Tools und Techniken habe ich trotz so vieler Rückschläge nie den Glauben an meine innere Kraft, an meinen Mut und meine Liebe verloren. Genau das möchte ich mit dir teilen. Lass uns beginnen.

Dein *Empower-Yourself*-Equipment

Bevor wir richtig loslegen, möchte ich dich bitten, folgende Dinge bereitzulegen oder zu besorgen:

- Buntstifte,
- Kugelschreiber (am besten einen besonderen, der dir gut gefällt und den du nur für deine *Empower-Yourself*-Aufgaben nutzen wirst),
- ein Tagebuch oder Notizbuch (auch dieses solltest du ausschließlich für die *Empower-Yourself*-Reise nutzen), es wird dein *Empower-Yourself*-Journal,
- ein Aufzeichnungsgerät mit Abspielfunktion oder dein Smartphone mit Aufnahmemöglichkeit.

Hinweis: Auf der Website **www.empower-buch.de** stehen unterstützende Materialien wie z.B. eine farbige Darstellung der Frequenz-Chart oder das Empower-Spielbrett zum Download für dich bereit.

Lifestyle-Check

Was von dem, das du täglich tust und denkst, hält dich davon ab, gesund, glücklich und erfüllt zu leben? Wir beginnen hier mit einer Bestandsaufnahme: Wo stehst du? Was läuft gut? Wo gibt es Defizite? Was dafür nötig ist: absolute Ehrlichkeit dir selbst gegenüber. Es nützt nichts, sich selbst etwas vorzumachen. Je ehrlicher du dich dir selbst zeigst, desto mehr an positiver Veränderung kannst du erreichen. Also: Wie ernst ist es dir mit deinem Leben und deiner persönlichen Erfüllung? Deine Antwort darauf wird deine Erfolge mit den *Empower-Yourself*-Tools am stärksten beeinflussen.

Schneller Spaß – oder langfristige Freude?

In meinem Beruf begegne ich immer wieder Menschen, die davon sprechen, dass sie alles, wirklich alles getan hätten, um mehr Glück, Gesundheit und Erfüllung im Leben zu finden. Aber sie schaffen es trotzdem nicht, aus den alten und starren Mustern auszusteigen. Sie hätten bereits diese Technik angewendet und jenen Kurs besucht, hätten schon ihre Ernährung umgestellt, aber die erwünschten Ergebnisse seien nicht eingetreten. In den seltensten Fällen liegt es an den Methoden, dass diese Menschen nicht weiterkommen, sondern daran, dass es ihnen nicht gelingt, gegen den Strom zu schwimmen, der unsere heutige Gesellschaft leider ausmacht. Dazu braucht es viel Klarheit und eine Menge Willenskraft.

Ich frage mich oft: Kann es sein, dass wir Menschen uns in unserer heutigen Gesellschaft auf unmittelbare Bedürfnisbefriedigung regelrecht programmieren? Kann es sein, dass wir uns darauf konditionieren, nur hinter kurzfristigen Lustmomenten her zu sein? Kann es sein, dass wir etwas als »schlecht« abstempeln, wenn es nicht sofort unsere Bedürfnisse befriedigt oder uns eine Art von Spaß gibt?

Wenn wir uns die Fernsehwerbung anschauen oder einen Blick in Lifestyle-Magazine werfen oder wenn wir beobachten, wie Jugendliche heute ticken, können wir erkennen, dass wir uns kollektiv in eine Richtung bewegen, die ziemlich bedenklich ist. Nur sehr wenige Menschen scheinen offen für echte, heilsame Veränderungen. Alle anderen suchen nach schneller Befriedigung und unterstützen dabei die Wirtschaft in all ihren Angeboten, mit denen sie uns lockt. Es kann nur zu leicht passieren, dass wir uns in den Bann ziehen lassen von all den Produkten und Dienstleistungen, die wir angeblich benötigen, um glücklich zu sein. Damit wir uns diese Dinge leisten können, arbeiten wir hart und stressen uns. Und weil das so anstrengend ist, wollen wir noch mehr von den Dingen, die uns Entspannung und Glück versprechen … Doch es funktioniert nicht, wir werden so weder entspannter noch erfüllter. Es ist eher ein Teufelskreis, in dem viele Menschen heute rotieren.

Nun die gute Nachricht: Es gibt Wege, die aus diesem Hamsterrad herausführen. Dafür benötigst du aber einen neuen Lifestyle. Und an dem wollen wir gemeinsam arbeiten.

Wie lebst du?

Dein Lifestyle ist die Summe aus Verhaltensweisen, Gewohnheiten, täglichen Routinen, die deinen Tag und letzten Endes dein Leben formen. Eigentlich bedeutet Lifestyle: dein Leben in all den Details, die du selbst, bewusst oder unbewusst, formst. Damit kommen wir gleich zur ersten Challenge, der ersten praktischen Arbeit. Nimm dir Zeit für diese kurze Übung und leg dir dein *Empower-Yourself*-Journal und deinen Kugelschreiber bereit.

Challenge No. 1: Lifestyle-Check

Die Überschrift zu dieser Übung lautet »Lifestyle-Check«. Schreib sie am besten oben auf die Seite. Zieh dann eine vertikale Linie in der Mitte, sodass sich zwei Spalten bilden. Die linke Spalte hat die Überschrift »Bad Habits«, also die schlechten Gewohnheiten. In diese Spalte schreibst du all deine Verhaltensweisen, Routinen und Gewohnheiten auf, die dich in deinen Augen nicht weiterbringen, die dich langfristig gesehen krank und unglücklich machen und dich deinem Ziel, die glücklichste, gesündeste und erfüllteste Version von dir selbst zu sein, einfach nicht näherbringen.

Um diese Dinge schneller identifizieren zu können, ist es hilfreich, in Gedanken einen gesamten Tag durchzugehen, beginnend mit dem Aufstehen, dann Frühstück, Arbeit, Mittagspause und so weiter. Was sind die Dinge, die du immer wieder tust und die zu einem fixen Teil deines Alltags geworden sind, obwohl sie dir nicht guttun? Das könnte zum Beispiel sein »die Zigarette gleich nach dem Aufstehen« oder »Nachmittags verputze ich fast täglich eine ganze Tafel Schokolade.«. Wir wissen alle, was für uns gut ist und was nicht, und auch du wirst auf Anhieb wissen und spüren, welche deiner Gewohnheiten einfach schlecht sind und sogar deiner Natur widersprechen. Beispielsweise ist langes Sitzen vorm PC ein gravierender Verstoß gegen unsere körperliche Konstitution, die nach Bewegung ruft.

Versuche so viele »Bad Habits« wie nur möglich in der linken Spalte zu versammeln. Du kannst die Liste beliebig oft zur Hand nehmen, wenn dir zu einem späteren Zeitpunkt noch andere Dinge einfallen.

Übrigens: Auch negative Gedanken, die du immer wieder hast, gehören zu deinen »Bad Habits« und sollten unbedingt einen Platz in der linken Spalte erhalten. Wichtig ist vor allem: Sei ehrlich zu dir selbst. Diese Liste ist privat. Es ist deine »Bad Habits«-Liste und alles an schlechten Gewohnheiten darf und soll darauf. Das wird einen sehr schönen Nebeneffekt haben: Du wirst dich bereits freier fühlen, wenn du erst mal alle aufgeschrieben hast. Also, los geht's! Bitte lies erst weiter, wenn du mit der linken Spalte durch bist.

Nun kannst du zur rechten Spalte wechseln. Diese steht für die »Good Habits«, also die guten Gewohnheiten. Du sammelst hier Elemente deines Lifestyles, die in deinen Augen gut und für dich zielführend sind oder wären. Das heißt, es geht nicht darum, dass du diesen Gewohnheiten bereits nachgehst. Es sind Dinge, von denen du sicher weißt, dass sie dir dabei helfen würden, vitaler, gesünder und ausgeglichener zu sein. Dabei kannst du dich auch von der linken Spalte deines Lifestyle-Checks inspirieren lassen. Wenn links zum Beispiel steht »abends fernsehen«, könntest du auf der rechten Seite schreiben »abends zum Sport gehen oder Yoga machen«. Deine »Bad Habits«-Spalte kann dich also darin unterstützen, deine »Good Habits« zu finden. Aber auch losgelöst von den schlechten Gewohnheiten: Notiere dir alle Verhaltensweisen, die für dich einen glücklichen und erfüllten Menschen ausmachen. Wie würde jemand, der in sich ruht, erfolgreich und gesund ist, in den Tag starten? Wie und wann würde er abends ins Bett gehen? Was würde dieser Mensch an Nahrungsmitteln zu sich nehmen? Mach die Übung mit Freude, lass dich inspirieren und spüre, wie gut sich die »Good Habits« anfühlen.

Wenn du mit diesem Teil der Challenge fertig bist, folgt eine mentale Übung, die etwa zehn Minuten dauert. Dafür schließt du deine Augen und stellst dir vor deinem inneren Auge vor, wie dein Leben aussehen wird, wenn du es im Sinne der »Bad Habits« verbringst. Was wäre das für ein Leben, wenn du diese Gewohnheiten für die kommenden zwei, fünf, zehn oder zwanzig Jahre so fortführst? Was denkst du, wie würden sich all diese Dinge auf deine Persönlichkeit, deine Gesundheit, deine Vitalität, dein Aussehen, dein Körpergefühl, dein Umfeld, deine Familie auswirken? Zu was für einem Menschen würdest du dich entwickeln, wenn diese schlechten Gewohnheiten in deinem Leben andauern? Sehr wahrscheinlich werden hier Schmerz und Unbehagen auftauchen. Geh hinein in diese unguten Gefühle von diesem Leben, das von schlechten und destruktiven Gewohnheiten regiert wird. Spür den Schmerz.

Nach einer Zeit richtest du deinen Fokus auf die positiven Gewohnheiten, die du in der rechten Spalte dokumentiert hast. Geh jetzt in diese Gefühle, in diese Lebendigkeit und Freude, die da wären, sobald du die positiven Gewohnheiten in dein Leben integrierst. Was für wundervolle Auswirkungen würden sie auf dein Leben, deinen Körper, deine Ausstrahlung, deine Mitmenschen und deinen Erfolg haben? Spür dieses innere Feuer, diese Leidenschaft, die sich ganz automatisch aus dir heraus entwickeln würden. Geh noch tiefer in das Gefühl, saug diese Leichtigkeit und Freude regelrecht in dich auf. Stell dir vor, dass du genau in diesem Moment bereits zu der Version deiner selbst wirst, die solche positiven Gewohnheiten installiert hat und lebt. Das ist die »goldene Version« von dir, die für dich und die Erde die erfüllendste ist.

Und nun folgt das Finale der Übung: Forme mit der rechten Hand eine Faust und leg sie auf die Mitte deiner Brust. Umschließe die Faust mit der linken Hand. Während deine Augen geschlossen bleiben, richtest du deinen Blick leicht nach oben, zur Mitte der Augenbrauen. Mach das ganz locker und entspannt. Sprich dann, am besten laut und deutlich: »Ich nehme jetzt die goldene Version von mir selbst voll und ganz in Besitz. Jetzt. Jetzt. Jetzt.«

Nachdem du das ausgesprochen hast, spür nach und bleib so lang in der Stille, wie du möchtest. Wenn du soweit bist, löst du deine Hände von der Brust und öffnest wieder die Augen.

Die Challenge *Lifestyle-Check* in Kurzfassung

- Zeichne eine Tabelle und fülle die linke Spalte mit den »Bad Habits«.
- In die rechte Spalte kommen die »Good Habits«.
- Mentale Übung: Verbinde dich mental mit dem Lifestyle, der entsteht, wenn du den »Bad Habits« folgst.
- Verbinde dich mental mit dem Lifestyle, der aus den »Good Habits« entsteht.
- Forme mit der rechten Hand eine Faust, leg die linke Hand auf die rechte und bring beide Hände zur Mitte der Brust (erster Power-Move).
- Roll deine Augen leicht nach oben und sprich das Kommando an dich selbst: »Ich nehme jetzt die goldene Version von mir selbst voll und ganz in Besitz. Jetzt. Jetzt. Jetzt.«
- Verweile so lange in der Stille, wie du möchtest, und kehr dann in deinem eigenen Tempo zurück ins Alltagsbewusstsein.

Die Magie der Power-Moves

Du hast soeben deinen ersten Power-Move erhalten: die Faust, die von der anderen Hand umschlossen auf deiner Brust liegt. Power-Moves sind Bewegungen, die du körperlich ausführst und die eine Art Erinnerungsstütze oder einen Anker für dein gesamtes Körper-Geist-System darstellen. Jedes Mal, wenn so ein Power-Move ausgeführt wird, gehst du in Sekundenschnelle in den inneren energetischen und emotionalen

Zustand zurück, den du dir mental dazu erschaffen hast. Das bedeutet in unserem Fall ganz konkret, dass du jedes Mal, wenn du deine Hände wie beschrieben zur Mitte deiner Brust führst, augenblicklich an die goldene Version deiner selbst und an deinen perfekten Lifestyle erinnert wirst. Das wirkt sich auf deine Emotionen und auf die gesamte Biochemie deines Körpers aus. Deine Energie verändert sich sofort. Du fokussierst dich auf das, was du erreichen möchtest, und steigst dadurch aus jeder Negativspirale aus.

Hört sich gut an, oder? Und noch dazu funktioniert es, und das ganz gleich, ob du daran glaubst oder nicht. Daher geht es erst einmal darum, dass du deinen ersten Power-Move wirklich anwendest und in deinen Alltag integrierst. Du wirst spüren und sehen, dass sich allein durch diese erste Challenge in deinem Verhalten enorm viel verändern kann. Wichtig ist: Wenn du deinen Power-Move ausführst, spüre unbedingt die dann aufsteigenden positiven Gefühle wie Freude, Dankbarkeit und Leichtigkeit. Nimm sie wirklich wahr. Lass sie leben.

Du kannst den mittleren Teil der Übung jederzeit wiederholen, vor allem wenn du das Gefühl hast, dich in den Banalitäten des Alltags zu verlieren. Setz dir dann wieder einen Anker für den neuen, besseren Lifestyle.

Nun hast du einen Überblick, was in deinem Leben noch nicht optimal verläuft und wohin dich deine Reise bringen soll. Wichtig ist, dass wir in unserer gemeinsamen Arbeit hier nicht auf ein einziges endgültiges Ergebnis abzielen. Wir fließen im Rhythmus des Lebens, lassen der universellen Intelligenz Platz für Überraschungseffekte und weitere Geschenke, von denen du nicht mal geahnt hattest, dass sie auf dich warten. *Empower*

Yourself ist kein starres System, das dich dazu bringen will, um jeden Preis irgendein bestimmtes Resultat zu erzielen. Es geht um das Fließen mit dem Strom des Lebens – hin zu einer Version deiner selbst, die aus sich heraus erfüllt ist, den Sinn hinter allem erkennt und einen liebevollen Beitrag für eine bessere Welt leistet. Also, lass uns weiterfließen.

Die Ebene des Geistes:
Die mentale Gravitation meistern

In der Natur jedes Menschen liegen die Samen für Entwicklung und Wachstum. Wieso aber haben wir manchmal einfach keine Lust darauf, bekanntes Terrain zu verlassen und uns zu verändern? Hast du dir diese Frage schon einmal gestellt? Es gab und gibt doch sicherlich Tage und manchmal sogar längere Phasen in deinem Leben, wo du dir gewünscht hast, dass sich die Dinge nicht wandeln und du einfach keine Lust hattest, dich zu verändern oder etwas für deine Weiterentwicklung zu tun. Kennst du das? Hast du damit gehadert? Dann kannst du jetzt aufatmen. Alles ist okay mit dir und du kannst sofort damit aufhören, dich wegen deiner Bequemlichkeit und vermeintlichen Faulheit zu verurteilen.

Wir leben in einer polaren Welt. Weiß und Schwarz, Hell und Dunkel, Licht und Schatten existieren auf unserer Erde gleichzeitig und nebeneinander. Dies ganz zu verstehen, könnte bereits dein komplettes Leben verwandeln. Meistens sind wir damit beschäftigt, die eine Seite zu bekämpfen, also in den meisten Fällen das Dunkel, und die andere zu ersehnen oder festzuhalten. Die schönen, bequemen Tage sind uns allen herzlich willkommen. Die Tage, die uns Willenskraft und

Durchhaltevermögen abverlangen, sind eher unerwünscht. Doch egal, was gewisse spirituelle Feel-Good-Ansätze behaupten: Als Menschen dürfen und müssen wir auch die Dualität erleben und von ihr lernen.

Halte doch einmal für einen Moment inne und mach dir Geschehnisse in deinem Leben bewusst, die für dich unbequem waren, beispielsweise der Umzug in eine neue Stadt, das Verlassen einer Arbeitsstelle oder das Ende einer Beziehung. Und jetzt blicke noch tiefer in diese Erfahrungen hinein, und du wirst hinter jedem dieser Geschehnisse das Geschenk der Transformation entdecken. Vor allem bist du daran gewachsen. In den unbequemen Stunden unseres Lebens werden wir aufgefordert, etwas zu verlassen, was ich mentale Gravitationszone nenne. Wir verändern die Umlaufbahn unseres Geistes und brechen zu neuen geistigen Dimensionen auf.

Kennst du das? Du brennst für etwas oder jemanden. Dieser tiefe innere Wunsch lässt dir keine Ruhe. Irgendwann erreichst du dein Ziel, und dein Wunsch geht in Erfüllung. Doch da merkst du auf einmal: Eigentlich war es nicht das, was du wolltest. Du hattest es dir die ganze Zeit eingebildet, dass du etwas oder jemanden in deinem Leben haben musst, um glücklich sein zu können. Jetzt ist es plötzlich da – und du bist nicht glücklich. Ganz im Gegenteil, du fühlst dich irgendwie so seltsam von dir selbst betrogen, weil du erkennst, dass du nicht auf dein Herz gehört hast und einem Wunsch hinterhergejagt bist, der nicht wirklich deiner war.

Dann geht die Story aber oft noch weiter. Vielleicht bist du nämlich nicht so mutig, es dir oder anderen einzugestehen, dass du dich geirrt hast und diesen Mann oder diesen Job doch nicht haben möchtest. Dein Stolz verhindert, diesen Fehler einzusehen. Also denkst du dir: Augen zu und durch. Nur nicht das Gesicht verlieren. Doch es geht nicht gut. Irgendwann zwingt dich das Leben in die Knie und fordert dich auf, die Situation zu verlassen.

Wir alle sind Meisterinnen und Meister darin, uns Gefängnisse zu bauen, die uns vordergründig bequem und passend erscheinen, die aber mit der Zeit zu einer Falle werden können. Und, was noch viel schlimmer ist, sie blockieren jede Art von Weiterentwicklung. Es sei denn, wir schaffen es, aus dieser Gravitationszone auszubrechen und uns für eine Transformation zu öffnen.

Deine Gravitationszone verlassen

Gravitation ist ein anderer Begriff für Schwerkraft. Du kannst dich der Schwerkraft der Erde nicht entziehen, aber dein Körper ist ein Meister darin, mit der Schwerkraft umzugehen. Er wurde dafür erschaffen, sich auf dieser Erde frei und leicht zu bewegen. Es sei denn, du verstößt gegen gewisse Naturgesetze, bewegst dich nicht genügend, sitzt zu viel, isst das Falsche – das wird sich dann langfristig negativ auf deinen Körper auswirken. Er wird mit der Zeit steif, schwer und unbeweglich werden und auch schneller altern. Es ist, als würde die Schwerkraft der Erde dann stärker auf den Körper einwirken. Immer ist die Schwerkraft aber auch ein Trainingspartner für uns, denn ohne sie könnten wir unserem Körper und den Muskeln keine Reize zum Wachstum und zur Entwicklung geben. Wir können die Gravitation für uns nutzen oder sie wendet sich gegen uns.

Was aber meine ich nun genau mit der mentalen Gravitationszone? Du kannst dir diese Zone als ein unsichtbares Feld von geistig-mentalen Inhalten vorstellen, das dich vierundzwanzig Stunden lang täglich begleitet. Die darin enthaltenen Informationen werden von vielen unterschiedlichen Dingen geformt, vor allem aber von

- Glaubensüberzeugungen,
- wiederkehrenden Gedanken,
- Verhaltensmustern,
- emotionalen Mustern,
- Gewohnheiten in Bewegung, Ernährung, Atmung,
- Erinnerungen an vergangene Situationen,
- Ängsten, Sorgen um die Zukunft.

All das vermengt sich zu einem Feld von Energie, das dich vereinnahmen, antreiben oder auch lähmen kann. In diesem Feld begegnet dir nie etwas Neues. Du lebst aus einem Topf voll mit vorgefertigten Überzeugungen und Gedanken und hast sozusagen für jede Situation eine passende Antwort aus deiner Gravitationszone. Dieses Energiefeld übernimmt auch eine Filterfunktion, weil du die Welt nicht so wahrnimmst, wie sie ist, sondern so, wie es deine Gravitationszone zulässt. Menschen und Situationen erscheinen dir dann als angenehm, wenn sie in deine mentalen Vorstellungen passen, und als unangenehm, wenn sie in deiner Gravitationszone irgendwie quer liegen.

Manchmal trifft man ja jemanden, den man auf Anhieb unsympathisch findet. Vielleicht lacht jemand in unseren Ohren zu laut oder ist in unseren Augen viel zu aufreizend gekleidet. Was aber heißt das? Könnte es sein, dass diese Person an den

Türen unserer Gravitationszone rüttelt und uns daran erinnern will, dass auch in uns diese Art von Lebendigkeit zu Hause ist?

Könnte es sein, dass wir diesen Menschen verurteilen, weil wir Angst davor haben, uns zu verändern und unsere Gravitationszone zu verlassen, wenn wir es erlauben würden, dass uns dieser Mensch begeistert und inspiriert?

Wir können zulassen, dass uns unsere persönliche mentale Gravitationszone blockiert. Oder wir können sie ausweiten, um täglich zu wachsen. Wachstum, Entwicklung, das ist die wichtigste Information, der zentrale Impuls, der in unserer DNA gespeichert ist. Wachsen können wir jedoch nur, wenn wir uns der Transformation öffnen und uns energetisch dazu bereit erklären, Gedanken und Gefühle zu verändern.

Transformation ist ein absolutes Trendwort geworden. Jeder will alles transformieren und am besten jetzt sofort und in Licht und Liebe. Für mich bedeutet Transformation in erster Linie die Offenheit für potenzielle Veränderungen mithilfe von uns innewohnenden Ressourcen. Jeder von uns besitzt in sich ein Reservoir an Kräften und Potenzialen. Leider vergessen die meisten Menschen, dieses Kraftpotenzial zu nutzen. Sie verbrauchen ständig ihre Lebensenergie.

Es gibt nämlich einen Unterschied zwischen Lebensenergie oder Chi (ein Begriff aus der chinesischen Medizin als Bezeichnung eben für Lebensenergie) und Ressourcen beziehungsweise Energiereservoir. Die Lebensenergie ist erschöpflich und begrenzt. Sie wird vor allem vom Körpersystem bereitgestellt und ist von Person zu Person je nach Lebensstil auf einem unterschiedlichen Level. Das Energiereservoir hingegen ist für uns alle unbegrenzt. Es gehört uns aber nicht persönlich, sondern ist uns stets in Verbindung mit der universellen

Intelligenz gegeben. Wir können uns mithilfe von Visualisierungsübungen mit dieser universellen Intelligenz und ihren allumfassenden Möglichkeiten verbinden und die Energie dieser Ressourcen aktivieren. Diese Kräfte sind es, denen wir uns öffnen können, um uns zu transformieren.

Wir kennen alle das Gefühl des Verliebtseins. In diesem Zustand fühlen wir uns erfüllt, leicht und glücklich. Eigentlich genau so, wie wir am liebsten jeden Tag verbringen würden, oder? Verliebtsein macht etwas ganz Besonderes mit uns: Es öffnet uns fürs Leben. Wir fühlen uns begeistert von den kleinen Dingen. Wir fühlen uns im Flow. Wir haben weniger Hunger, und es fühlt sich an, als würden wir die Energie aus der Atmosphäre um uns herum direkt aufsaugen. Ein verliebter Mensch ist schlichtweg viel offener dafür, kosmische Energie aufzunehmen. Alle Körpersysteme laufen im Dienste von 100 Prozent Lebendigkeit. Die Lebensenergie ist angestiegen. Die Frage ist nun: Wie offen sind wir – auch ohne Verliebtheit – dafür, uns vom Leben, von der Natur und allem um uns herum begeistern zu lassen? Genau das bestimmt über unsere Lebensenergie und Lebendigkeit.

Ich möchte dich mit einem Ressourcen-Portal bekannt machen, das die meisten Menschen schon mindestens einmal in ihrem Leben genutzt haben, wenn auch eher unbewusst oder gezwungenermaßen. Sie haben in Extremsituationen eine Kraft aktiviert, die sowohl Körper als auch Geist einschließt. Extremsportler tun das, wenn sie in ihrem Element und im Flow sind, wenn sie Dinge bewerkstelligen, die für die meisten von uns komplett undenkbar wären. Extremsituationen sind für Menschen immer dann zu meistern, wenn sie ihr Ressourcen-Portal nutzen und über die Grenzen des eigentlich Machbaren hinausgehen. Diese Grenzen nämlich sind letztlich Grenzen des Denkens.

Wie oft gehst du über »erdachte« Grenzen hinaus? Traust du dir auch mal etwas zu, was für deinen Kopf nicht machbar erscheint? Eine der Geheimzutaten für ein erfülltes Leben ist in meinen Augen die Selbstüberschätzung im positiven Sinne. Denn sogar dann, wenn du dich selbst überschätzt, liegst du noch weit unter dem, wozu du eigentlich in der Lage wärst. Doch dazu später mehr.

Viele Menschen, die intensive Transformationsprozesse durchmachen, egal mit welcher Herangehensweise, nutzen dafür Lebensenergie, die eigentlich für die Erhaltung der Vitalfunktionen von Körper und Geist zuständig wäre. Was dann häufig passiert, ist, dass diese Menschen im Laufe ihrer Transformation zusammenbrechen und krank werden. Der Körper zieht die Notbremse. Das passiert aber nicht, wenn wir aus dem Ressourcen-Portal heraus die Transformation unterstützen und begleiten. Denn dahinter ist die Energie grenzenlos.

Wie wäre es also, wenn wir nun dein Ressourcen-Portal aktivieren? Aus dieser Energie heraus kannst du dann weiterarbeiten. Sie wird dich darin unterstützen, die Veränderungen in deinem Leben leichter und schneller einzuleiten.

Challenge No. 2: Dein Ressourcen-Portal

Hier geht es um Virtualisierung. Eigentlich ist das eine Form von Visualisierung, aber mit intensiveren Effekten. Denn wir gehen mental nicht nur in eine Situation und Erfahrung hinein und beobachten sie von außen, sondern wir erleben sie mittendrin. Alle Sinne werden mit einbezogen und du bewegst dich in dieser neuen, mental erschaffenen Realität. Du erlebst das Ganze in deinem Geist tatsächlich. Virtualisierung ist ein Begriff aus der Informatik, den wir uns hier ausleihen. Mittlerweile wurde bewiesen, dass Virtualisierung stärkere Signale an unser gesamtes System sendet als Visualisierung.

Schnapp dir dein *Empower-Yourself*-Notizbuch und schreib die Überschrift: Ressourcen-Portal. Notiere dir darunter mindestens drei Situationen, von denen du denkst und fühlst, dass sie dein Ressourcen-Portal aktiviert haben. Es gibt zwei Qualitäten, die unverzichtbar sind für diese Erlebnisse: Sie müssen für dich und gegebenenfalls andere schön und erhebend gewesen sein. Das heißt nicht, dass es leicht oder einfach gewesen sein muss, aber am Ende unbedingt erfüllend und angenehm. Diese Situationen müssen für dich außerdem mit ein paar Details geistig abrufbar sein. Du solltest dich sehr gut daran erinnern können. Um dich bei der Suche ein wenig zu unterstützen, ein paar Fragen:

● Wann hast du etwas Außergewöhnliches getan, von dem andere oder du selbst behaupteten, du kannst das nicht?

● Wann hast du dich schon einmal herrlich pulsierend und lebendig gefühlt, nachdem du dich gefordert hattest, auf welche Art auch immer?

● Was sind Momente, an die du gern zurückdenkst und die in dir ein Gefühl von Größe und Kraft auslösen, auch wenn du vielleicht mit deiner Angst zu kämpfen hattest?

● Gab es Momente in deinem Leben, in denen du dich unbesiegbar und unendlich stolz gefühlt hast?

Diese Situationen müssen nicht weltbewegend sein, sondern für dich etwas Besonderes und Einzigartiges. Notiere dir drei davon in ein paar Stichpunkten.

Nun bist du bereit, das Ressourcen-Portal zu aktivieren. Zieh dich dazu für ein paar Minuten an einen ruhigen Ort zurück. Vielleicht willst du auch eine angenehme und entspannende Musik dazu hören. Setz dich bequem und aufrecht auf einen Stuhl oder ein Sitzkissen, schließ deine Augen und nimm drei tiefe Atemzüge. Atme über die Nase ein und über den Mund aus. Während du ausatmest, sagst du ein lautes und langgezogenes »Haa«. Danach darf der Atem einfach frei durch die Nase weiterfließen.

Leg nun die linke Hand auf den Unterbauch (unterhalb des Bauchnabels) und die rechte Hand auf den höchsten Punkt am Scheitel. Während du ausatmest, übst du mit beiden Händen sanft Druck auf diese Stellen aus. Insgesamt dreimal. Das ist dein zweiter Power-Move. Danach legst du die Hände entspannt auf deinen Beinen oder im Schoß ab.

Nun geh in deinem Geist in eine der Situationen, die du dir notiert hast. Versuch diese geistige Reise so klar, deutlich und real zu erleben wie nur möglich. Du bist jetzt am damaligen Ort, siehst alles um dich herum, spürst die Temperatur, die Luft. Alles wird in deinem Geist zu Leben erweckt, als würde sich diese Situation gerade live abspielen. Geh auch in die Gefühle und lass diesen Teil der Vergangenheit zur Gegenwart werden. Die Situation hat einen Anfang, eine Mitte und ein Ende – durch alle Phasen gehst du jetzt einmal hindurch und erlebst so viele Details wie möglich.

Stell dir danach folgende Fragen:

- Wenn dieses Erlebnis eine Farbe hätte, welche Farbe wäre das? (Lass sie ganz intuitiv vor deinem inneren Auge entstehen.)
- Wenn sich diese Farbe jetzt als eine Art Energiewolke irgendwo in deinem Körper befinden würde, wo wäre das? Vielleicht im Kopf, im Brustraum oder im Bauch? (Lass auch hier die Antwort ganz intuitiv auftauchen.)
- Wenn diese Situation ein Tier darstellen würde, welches Tier wäre das? Ein Wolf, ein Bär, ein Adler oder etwas anderes?

Nun stell dir vor, dass sich dieses Tier genau an der Stelle deines Körpers befindet, wo du zuvor die Farbe für dich lokalisiert hast. Spürst du es? Stell dir nun vor, dass das Tier von dort aus zum Steißbein in die Körpermitte wandert. Gleichzeitig erscheint eine Verbindungslinie zwischen Unterbauch und Scheitel – welche Farbe hat sie bei dir?

Du führst nun wieder die Hände an den Körper, die linke Hand auf den Unterbauch und die rechte auf den Scheitel. Stell dir vor, wie dieses Tier beginnt, sich entlang deiner Wirbelsäule zwischen Steißbein und Scheitel auf- und abzubewegen. Lass die Bilder ganz intuitiv erscheinen, mach dir keine Sorgen, ob du es richtig machst. Es ist ein Spiel, da gibt es kein Richtig oder Falsch.

Atme nach einer Zeit mit diesen inneren Bildern bewusst und tief ein und aus und löse allmählich die Hände. Nimm dir Zeit beim Zurückkommen und trink nach der Übung einen Schluck Wasser.

Die Challenge *Ressourcen-Portal* in Kurzfassung

- Notier dir drei Situationen aus der Vergangenheit, die dich eine immense Kraft haben spüren lassen.
- Nimm eine bequeme Sitzposition ein, atme dreimal durch die Nase ein und durch den Mund mit dem »Haa« aus.
- Führe den zweiten Power-Move aus: linke Hand am Unterbauch, rechte Hand auf dem Scheitel. Du atmest durch die Nase, beim Ausatmen drückst du sanft mit den Händen, insgesamt dreimal.
- Du gehst im Geist in eine der Power-Situationen, die du dir notiert hast.
- Welche Farbe hat dieses Ereignis? Wo im Körper ist sie lokalisierbar? Welches Tier stellt das Ereignis dar?
- Stell dir das Tier an der entsprechenden Körperstelle vor, bevor es zum Steißbein wandert.
- Führe deinen Power-Move erneut durch und stell dir vor, wie sich eine Verbindungslinie zwischen Steißbein und Scheitel aufbaut und das Tier durch die Zentralachse deines Körpers hoch- und runterwandert.

Diese Übung kannst du auch mit den anderen beiden Situationen, die du notiert hast, ausführen. Am besten an drei aufeinanderfolgenden Tagen. Achte darauf, dass du immer die gleiche Farbe und das gleiche Tier erscheinen lässt, auch die Körperstelle sollte immer die gleiche bleiben. Nach dreimal ist das Programm »Ressourcen-Portal aktivieren« abgeschlossen. Das bedeutet:

- Jedes Mal, wenn du dir fortan die Farbe deiner Ressourcen-Aktivierung vorstellst, wirst du unmittelbar mit dieser unendlichen Kraft verbunden.
- Jedes Mal, wenn du dich geistig mit dem Krafttier aus deiner Virtualisierung verbindest, wirst du unmittelbar mit deinen inneren Ressourcen verbunden.
- Jedes Mal, wenn du den zweiten Power-Move durchführst (linke Hand am Unterbauch, rechte am Scheitel), werden deine inneren Ressourcen aktiviert.
- Du kannst ab sofort auch eine Kurzform dieser Aktivierung durchführen, indem du den Power-Move machst und dir die Farbe im Zentralkanal des Körpers vorstellst, zusammen mit dem Tier, das sich auf- und abbewegt.

Insiderwissen

Wir nutzen über das Ressourcen-Portal auch die emotionale Kraft, die in unserem Erinnerungstempel gespeichert ist: Der Erinnerungstempel ist der gesamte Speicher an abrufbaren, aber auch nicht abrufbaren Erlebnissen und Erfahrungen, die wir in unserem Leben bis jetzt gemacht haben. In diesem Tempel finden wir außerdem die gesamte emotionale Power hinter den Erlebnissen, sowohl im Angenehmen als auch im Unangenehmen. Bei dieser Challenge zapfen wir diese Kraft aus den herausfordernden Momenten an und machen uns damit auch den inneren Energiespeicher zugänglich.

Wir arbeiten ganz bewusst mit der energetischen Signatur von Farben: Sie sind dichte Formen von spezifischen Energien, abgespeichert in einer bestimmten Frequenz, die sich uns visuell zeigt. Farben ziehen unsere Aufmerksamkeit an und fokussieren unseren Geist auf eine bestimmte Richtung. Sie transportieren persönliche Bedeutungen und entfesseln beim Betrachter emotionale Ressourcen. Es sind Lieferanten purer Energie.

Wir nutzen außerdem die Kraft der Tiere: Tiere sind natürlicherweise ein perfekter Ausdruck von Ausgeglichenheit, Kraft, Ausdauer, Flexibilität und Anpassung. Egal, welches Tier dir bei der Übung als Erstes erschienen ist, es stellt für dein Gehirn eine fassbare Brücke zu der Energie dar, die dein Ressourcen-Portal symbolisiert.

Wieso machen wir uns eigentlich die Mühe, die inneren Ressourcen zu aktivieren? Auf der *Empower-Yourself*-Reise werden diese Ressourcen immer wieder gebraucht. Es ist fast so, als würden wir unseren Motor endlich einmal richtig starten, sodass wir im Leben Vollgas geben können. Für echte Veränderungen im Leben braucht es dann viel weniger Willenskraft. Der Drive ist dann einfach da, und der Weg macht enorm viel Spaß. Gewöhn es dir für dein Leben an, sie einzusetzen.

Den Magnetismus umkehren

Du hast bereits erfahren, dass es in dir ein Feld an Informationen, Überzeugungen und Denkmustern gibt, das sich bereits in deiner Kindheit installiert und sich im Laufe deines Lebens erweitert, verändert und angepasst hat. All das geschieht vollkommen im Unbewussten, was das Ganze natürlich schwer greifbar macht. Diese Gravitationszone kann man auch anders nennen: Komfortzone. Beide Begriffe deuten auf das Gleiche hin: Muster im Verhalten, Denken und Fühlen, die wir gewohnt sind, die automatisch abgerufen werden und dafür sorgen, dass wir schön im Energiesparmodus bleiben und uns nicht weiterentwickeln. Was bei »Gravitationszone« stärker zum Ausdruck kommt, ist der Sog. Denn unsere Gewohnheiten haben eine enorme Anziehungskraft.

Aber die Gravitationszone ist nicht nur schlecht. Keineswegs. Sie stellt auch einen Ruhepol dar. Wenn wir zeitweise bewusst innerhalb der bekannten Grenzen bleiben, können wir uns ausruhen und auftanken. »Bewusst« ist hierbei das wesentliche Wort. Denn meistens hängen wir einfach nur unbewusst in irgendeiner Hängematte in dieser Zone herum. Bewusstes Aufatmen, Entspannen und Loslassen in dieser Zone ist erlaubt und erwünscht. Problematisch für die Weiterentwicklung wird es erst dann, wenn wir dort stecken bleiben.

Die Gravitationszone und ihre Geschenke wie Sicherheit und Erholung zu akzeptieren und zu schätzen, ist ein wichtiger Schritt. Ist der getan, kannst du diese Zone immer wieder bewusst verlassen und musst ihrer Anziehungskraft nicht mehr nachgeben. Daher schließen wir jetzt erst einmal Frieden mit allem, was die Gravitationszone ausmacht. Dazu gehören »Faulheiten«, aufgeschobene Aufgaben und alles, was dich festhält. Gäbe es all das nicht, gäbe es auch keinen Anreiz für Veränderung. Sei also dankbar für deine Gravitationszone.

Challenge No. 3: Entlarve deine Gravitationspunkte – die Black-List

Lass deine Gravitationszone greifbarer werden. Das geht am besten über folgende Fragen, die du in deinem *Empower-Yourself*-Notizbuch beantworten kannst. Lass dabei eine Liste entstehen, die dir zeigt, was deine Komfortzone ausmacht.

Welche guten Vorsätze triffst du immer wieder zu Silvester, schaffst es aber nicht, sie wirklich umzusetzen?

Vielleicht ergeht es dir wie den meisten Menschen, und trotz all deiner ernsthaften Bestrebungen kannst du deine guten Vorsätze fürs neue Jahr nicht erfüllen. Das ist frustrierend. Es sollte dich allerdings nicht beunruhigen, denn gute Vorsätze sind nun mal dafür da, dass sie nicht eingehalten werden.

Das hört sich widersprüchlich an? Aber es ist nun einmal so. Wir benötigen eine ernst zu nehmende Motivation, um wirklich etwas zu verändern. In den meisten Fällen haben wir diese Motivation nicht. Wir leben in dieser Haltung: Es ist doch alles ganz okay, also wieso Stress machen und etwas verändern? Ich sehe das ein wenig anders: Wir haben nur dieses eine Leben, und unsere Aufgabe ist es, so viel wie nur möglich an Entfaltung und Lerneffekten zu erzielen – für uns und für das Ganze. Dafür musst du aber Gas geben und in einem ständigen Strom von Entwicklung leben.

Also: Wie sieht es aus mit deinen Vorsätzen? Welche tauchen immer wieder auf – erfolglos?

In welchem Bereich deines Lebens scheint sich trotz deiner Bemühungen nichts zu verändern? Wo spürst du eine Stagnationsenergie? Und woher könnte sie kommen?

Vielleicht hast du festgestellt, dass du in den vergangenen Jahren körperlich abgebaut hast. Deine Haut sieht nicht mehr so straff und strahlend aus wie früher, und du kommst schneller aus der Puste, wenn du die Treppen hochläufst. Natürlich kannst du dir einreden, dass das ganz natürliche Anzeichen des Alterungsprozesses sind. Das wäre aber eine Lüge. Denn Altern ist kein Muss. Indem du deinem Körper bewusste Impulse für Entwicklung und Kräftigung gibst, kannst du den Alterungsprozess stoppen und sogar umkehren.

Natürlich ist es einfacher, in der persönlichen und sogar kollektiven Gravitationszone stecken zu bleiben und zu sagen: Gegen das Altern kann man nichts machen. Man könnte auch von einer gesellschaftlichen Gravitationszone sprechen, denn die meisten Menschen halten sich gegenseitig mit ihren Glaubensüberzeugungen und falschen Sicherheiten in diesem Feld gefangen. Es gibt in jeder persönlichen Gravitationszone Stellen, die sich mit der kollektiven überschneiden. Eine Überzeugung, die von Tausenden von Menschen geteilt wird, ist natürlich kraftvoller als eine, die nur eine einzige Person hegt. Das macht den Ausbruch aus diesen Feldern schwieriger, aber nicht unmöglich.

Welche Gedanken gehen dir morgens als Erstes durch den Kopf? Mit welchen Gedanken schläfst du nachts für gewöhnlich ein?

Wir wissen, dass über neunzig Prozent aller Gedanken, die wir tagtäglich denken, Wiederholungen sind. Sie sind auch dafür verantwortlich, wie wir unser Leben und die Welt wahrnehmen. Die Welt zeigt sich dir nämlich nicht so, wie sie ist, sondern so, wie du denkst. Kleinste Veränderungen in deiner Gedankenwelt können bereits unfassbar vieles in deinem Leben verändern.

Um feststellen zu können, welche Gedanken ständig durch deinen Kopf gehen, hilft ein Trick. Stell dir vor, dass dein Gedankenapparat eine menschliche Form hat, die dich tagein, tagaus begleitet. Dieser fiktive Mensch läuft also den ganzen Tag neben dir her und quatscht dich voll. Er spricht deine Gedanken sozusagen laut aus. Wie findest du diesen Kerl? Wie gestaltet er deine gedankliche Gravitationszone? Welche Gedanken sind immer wieder da?

Diese Übung führt auch dazu, dass du immer mehr einsiehst, dass deine Gedanken und du nicht eins sind. Die Gedanken existieren, sie sind aber nicht Du.

Zu welchen Gedanken, Handlungen und Tätigkeiten tendierst du, wenn du emotional unausgeglichen bist (wütend, frustriert, ängstlich ...)?

Als Mensch bist du vor allem ein Emotionswesen. Das heißt, die Lebensenergie in dir zeigt sich in Form von Emotionen und wird für dich so spürbar. Es gibt Gefühle, die uns nähren und erfüllen, wie Freude, Leichtigkeit und Gelassenheit. Andere hingegen drohen uns innerlich zu vergiften, wenn wir es nicht schaffen, sie auszugleichen, wie zum Beispiel Wut, Aggression, Zerrissenheit. Du kannst nicht verhindern, dass ab und an toxische Emotionen hochkommen. Was du jedoch tun kannst, ist, diese auszugleichen, sobald sie spürbar werden.

Leider entwickeln wir Menschen im Laufe unseres Lebens gewisse Verhaltensweisen, mit denen wir die Emotionen zwar auch ausgleichen, aber die Folgen sind eher schädlich für uns. Und letztendlich unterdrücken sie die Emotionen in Wirklichkeit nur. Beispielsweise überessen wir uns oder greifen zu Süßigkeiten, wenn es uns nicht gut geht. Jede Form von Sucht ist auch eine Flucht aus der emotionalen Dysbalance, und zwar um den Preis der eigenen Gesundheit. Vielleicht gehörst du auch zu den Menschen, die Emotionen permanent unterdrücken und verleugnen, bis irgendwann ein Vulkan aus ihnen hervorbricht.

An dieser Stelle ist es wichtig herauszufinden, welche Tendenzen im Denken, Fühlen und Handeln du verfolgst, wenn du dich emotional aufgewühlt fühlst. Notiere dir dazu so viele Punkte wie nur möglich.

Wie reagierst du, wenn Menschen dich ablehnen oder kritisieren?

Erinnerst du dich an eine Situation, in der du Ablehnung erlebt hast? Welche Gedanken gingen dir damals durch den Kopf? Wie hast du begonnen, über dich selbst zu denken? Hast du den Fehler bei dir gesucht oder beim anderen? In welche Sicherheitszone hast du dich gefühlsmäßig und gedanklich zurückgezogen, um dich zu schützen?

Mit Ablehnung müssen wir alle lernen umzugehen. Du und ich, wir wurden schon zigmal abgelehnt. Die Frage ist, ob uns diese Ablehnung schwächer oder stärker gemacht hat? Wir nehmen Dinge, die andere tun oder sagen, oftmals sehr persönlich, obwohl es vielleicht gar nicht um uns persönlich ging. Vielleicht konnte das Gegenüber eine eigene Angst und Unsicherheit für diesen Moment nicht anders ausdrücken als über den Weg der Kritik?

Was tust oder denkst du als Erstes, wenn du einen körperlichen Schmerz oder ein physisches Unbehagen empfindest?

Wie gehst du mit Schmerz um? Wie interpretierst du Schmerz für dich? Bremst dich Schmerz oder lässt er dich aufhorchen? Wir unterliegen als Menschen gewissen Naturgesetzen. Wenn wir dagegen verstoßen, wird unser Körper über den Schmerz ein Signal senden. Dann sollten wir unser Verhalten verändern, und der Schmerz wird sich auflösen. Natürlich ist die Thematik Schmerz nicht immer so einfach. Fakt ist aber, dass wir dem Schmerz meistens zu viel Raum geben und ihn dann gern überinterpretieren. Das erlebe ich vor allem in der spirituellen Szene, wo Schmerzen am Körper sofort mit irgendwelchen Lebensbereichen in Verbindung gebracht werden. Die rechte Schulter schmerzt – oh, das heißt bestimmt, dass ein Thema mit dem Vater nicht aufgelöst wurde. Aber kann es nicht einfach sein, dass die Schulter im Sport überbeansprucht wurde und sich über das Signal des Schmerzes eine Pause erbittet?

Unser Schmerz, an dieser Stelle vor allem der körperliche Schmerz, kann uns sehr deutlich aufzeigen, was unsere persönliche Komfortzone ist, in die wir uns verziehen, wenn es uns mal nicht so gut geht. Welche Gedanken und Gefühle ergreifen Besitz von dir, wenn der Körper sich mit Schmerz meldet?

Zu welchen Gedanken, Gefühlen und Verhaltensweisen tendierst du, wenn du dich müde, gestresst oder ausgelaugt fühlst?

Kennst du diese Momente mitten am Tag, wenn du dich schlapp und kaputt fühlst und dich am liebsten schlafen legen würdest? Meistens geht das nicht, und du beginnst, auf eine ganz bestimmte Art und Weise zu denken, zu fühlen, dich zu bewegen. Was genau passiert in diesen Erschöpfungsphasen mit dir? Greifst du zu ungesunden Lebensmitteln? Verirrst du dich in Gedanken über die Leben von anderen Menschen oder tratschst du mit einer Kollegin über Belanglosigkeiten? Oder steigst du in ein Gedankenkarussell ein, das sich um dein Körpergewicht oder mögliche Krankheiten dreht? Wir alle haben eine bestimmte Tendenz, wenn uns Energie fehlt. Meist werden diese Denk- und Empfindungsweisen ausschließlich von der Gravitationszone gefüttert. Daher kann die aufmerksame Recherche an dieser Stelle sehr hilfreich sein. Also: Was flüstert dir deine Gravitationszone in solchen Momenten zu?

Was ist deine persönliche Definition von Wohlbefinden und Glück?

Im Laufe deines Lebens mit all deinen Erfahrungen hast du für dich innerlich eine Definition von Wohlbefinden und Glück festgelegt, egal ob du dir dessen bewusst bist oder nicht. Diese Definition ist wie ein Richtwert, und alles, was dir passiert, wird an diesem Richtwert gemessen. Für mich beispielsweise ist die Definition von absolutem Glück und Wohlbefinden Freiheit. Je freier ich mich fühlen und je freier ich leben kann, desto höher ist mein Glücksfaktor. Aus diesem Grund stelle ich mir vor jeder Entscheidung, die ich treffe, die Frage, ob meine Wahl meine Freiheit vergrößert. Denn das ist mir das Wichtigste. Gleichzeitig kann aber der innige Wunsch nach Freiheit auch eine Bequemlichkeit darstellen. Vielleicht will sich jemand unbewusst der Chance entziehen, eine wirkliche Partnerschaft einzugehen oder eine Familie zu gründen, und hat eigentlich nur Angst vor echten Bindungen. Indem er das bemerkt, hat er einen weiteren Aspekt seiner Gravitationszone offengelegt. Das heißt nicht, dass er seine Glücksdefinition über Bord werfen muss. Es heißt nur, dass er noch unentdeckte Potenziale besitzt, was das Verantwortungsbewusstsein betrifft. Er darf sich der Möglichkeit öffnen, sich auch dann frei zu fühlen, wenn er in Bindungen lebt. Denn echte Freiheit hat nichts mit Lebensumständen zu tun, sondern mit der seelischen Verpflichtung gegenüber dem Geburtsrecht des Freiseins.

Diese Frage kann auch offenlegen, wie viel oder wie wenig du dein persönliches Glück von äußeren Umständen und anderen Menschen abhängig machst. Es kann sein, dass deine Gravitationszone darin besteht, immer für andere da zu sein. Denn so musst du dich nicht mit dir auseinandersetzen. Von außen betrachtet, wirkt es edelmütig, aber schauen wir genauer hin, sehen wir, dass es nur Angst vor der Selbstbegegnung ist. Doch in Wahrheit kann man anderen Menschen nur dann wirklich begegnen, wenn man auch bereit ist, sich selbst in die Augen zu blicken.

Hast du deine Black-List zusammen? Wie ging es dir mit diesen Fragen und deinen Antworten? Es mag sein, dass dir diese Challenge herausfordernd erscheint. Das ist kein Wunder.

Denn mit dem, was wir nur aus Bequemlichkeit und Gewohnheit tun, beschäftigen wir uns nie bewusst. Hier bei dieser Aufgabe aber holen wir all das ins Bewusstsein. Dieser Fragenkatalog, der dir dabei helfen soll, könnte noch beliebig erweitert werden. Denn deine Gravitationszone ist sehr komplex und liefert sehr viel Material.

Vieles davon schlummert allerdings sehr tief im Unterbewusstsein und lässt sich nicht mal eben hervorzaubern. Wir müssten andauernd graben, am besten in Trance-Zuständen, wenn der Verstand beiseitegeschoben wurde. So wird das in der Hypnosetherapie gemacht, zum Teil sehr erfolgreich, aber meist nur kurzfristig wirksam. Wir wollen einen komplett anderen Ansatz verfolgen und uns im nächsten Schritt mit allem, was die Gravitationszone ausmacht, versöhnen.

Auf deiner Black-List finden sich nun sicher viele Dinge, auf die du nicht stolz bist, die du vielleicht sogar als negativ und einschränkend erlebst. Würden wir jetzt beginnen, die Black-List zu löschen oder gar zu bekämpfen, würden wir die Gravitationszone nur noch stärker machen und ihre Sogkraft erhöhen. Also gehen wir anders vor: Wir werden diesen Magnetismus umkehren, indem wir für Versöhnung mit der Gravitationszone sorgen.

Es geht um Vergebung, genauer um Selbstvergebung. Denn wenn du dich aufgrund der Punkte auf deiner Black-List verurteilen würdest, wäre das so, als ob du diese Dinge zu unterdrücken versuchtest. Das kann für eine gewisse Zeit gut gehen, aber irgendwann schießen diese Themen wieder an die Oberfläche und belästigen dich. Gehen wir stattdessen in die Vergebung und Annahme all dieser unvollkommenen Aspekte in dir, verlassen wir auch das Feld des Widerstands und eröffnen einen Raum, in dem sich die Dinge natürlich und automatisch verändern und transformieren können, weil du nun offen und bereit bist, auch deine Unvollkommenheit anzunehmen. Wir nehmen sozusagen den Druck raus und kehren die Sogkraft um. Statt vor der Gravitationszone wegzurennen oder zu versuchen, sie niederzubrennen, laufen wir auf sie zu, umarmen sie und schließen Frieden mit ihr. Das heißt, wir machen unseren Feind zu unserem Verbündeten. Wir kehren den Magnetismus um. Dadurch wird die Gravitationszone beginnen, für und nicht mehr gegen dich zu arbeiten.

Bevor du diesen Vergebungsprozess starten kannst, ist es wichtig, eine White-List zu erstellen. Auch dafür möchte ich dir ein paar Fragen stellen, die dich spüren und wissen lassen, was die Geschenke hinter deiner Gravitationszone sein könnten.

Challenge No. 4: Die Geschenke deiner Gravitationszone – die White-List

Nimm wieder dein Notizbuch und schreib deine Antworten in Form einer Positivliste auf.

Wenn du dir deine Gravitationszone in Form von einer Blume vorstellst, wie würde sich diese Blume zeigen und was symbolisiert sie für dich?

Sei an dieser Stelle ganz offen und lass dieses innere Bild intuitiv hochkommen. Nimm spontan das erste Bild, das sich zeigt. Wir wollen die Gravitationszone visuell greifbar machen, im

Rahmen der White-List in einer positiven Version. Gleichzeitig fragst du dich, was diese Blume für dich symbolisiert. Es kommen dir vielleicht Aspekte in den Sinn wie Offenheit, Schönheit, Ruhe. Was auch immer sich innerlich auftut, heiße es herzlich willkommen.

Spürst du die Verbindung zur Gravitationszone? Ganz gleich, welche Punkte du gerade notierst, sie liefern dir immer die Geschenke von Rückzug und Erholung. Das ist enorm wichtig, und in diesem Sinne kannst du es auch gut annehmen und integrieren.

Welche Menschen profitieren auf irgendeine Art und Weise von gewissen Punkten auf deiner Black-List?

Vielleicht gibt es Verhaltensweisen, mit denen du der Gefahr ausweichst, andere Menschen in deinem Umfeld zu verletzen oder zu kränken. Ob das sinnvoll ist oder nicht und ob du diesen Menschen letztes Endes doch auf irgendeine Art und Weise keinen Gefallen damit tust, sei dahingestellt. Es geht uns hier erst einmal um dein Verhalten. Darum, dass dich ein Punkt deiner Black-List daran hindern will, Schaden anzurichten. Solche Geschenke gibt es sicher mehrfach.

Gab es Episoden in deinem Leben, in denen dich deine Angst, etwas zu verändern, in die Aktion zu gehen oder mutig zu sein, letztlich vor Schlimmerem bewahrt hat?

Ich glaube daran, dass die Quelle allen Seins keine Fehler macht. Und da du eine Verkörperung dieser Quelle bist, machst auch du keine Fehler. Alles ist ein perfekter Plan des Lernens.

Es kann sein, dass du zu etwas, zu einer Person oder Situation in deinem Leben Nein gesagt hast, weil du Angst hattest, etwas zu verändern oder dich für etwas Neues zu öffnen. Das sind ganz offensichtlich Auswirkungen der Gravitationszone. Und genau dieses Nein, das vordergründig aus Bequemlichkeit entstanden ist, könnte dein Leben gerettet oder dich zumindest vor einem seelischen oder anderen Schmerz bewahrt haben. Es kann sein, dass es ein absoluter Glücksgriff war und du heute dankbar bist, damals nicht mutig genug gewesen zu sein. Auch so etwas lässt dich besser spüren, dass du deiner Gravitationszone auch dankbar sein kannst. Sie hat auch die Kraft, dich zu schützen.

Haben sich gewisse Themen in deinem Leben verändert, obwohl du bewusst nichts dafür getan hast und eigentlich weiterhin in den alten Mustern bliebst?

Manchmal kann es im Leben erforderlich sein, still zu werden, in eine entspannte Passivität zu gehen und dem Universum Platz zu machen, eine nötige Veränderung selbst herbeizurufen. Ja, du hast richtig gelesen. Ich habe kein Interesse daran, dich in einen »Aktionswahn« zu führen, wie er manchmal bei gewissen Motivationstrainings zu beobachten ist. Das Leben ist ein perfektes Zusammenspiel von Yin und Yang, Anspannung und Entspannung, Aktion und Fließenlassen. Dieses Wissen wird dir dabei helfen, gelassener mit den Ergebnissen deiner Arbeit an dir selbst umzugehen. Denn du kannst sehr viel im Leben beeinflussen, aber nicht alles. Unser Dasein ist komplex, und nicht immer kannst du alle Aspekte, die das Endresultat beeinflussen könnten, mitberücksichtigen. Und so kann es sein, dass dir deine Tendenz, der Gravitation deiner Gewohnheiten nachzugeben, vielleicht schon mehrere Male schöne Geschenke und positive Veränderungen geschenkt hat. Ruf dir all das ins Gedächtnis und notiere es.

Die White-List macht dir bewusst, dass deine Gravitationszone nicht einfach nur schlecht ist. Sie hat definitiv ihre Berechtigung, und es wäre ein großer Fehler, sie komplett vernichten zu wollen. Zum Glück ginge das auch gar nicht, weil eine Form von Sicherheit und Rückzug für uns alle sehr wichtig ist.

Kurzer Zwischenstopp

Lass uns für einen Moment festhalten, an welcher Stelle unserer gemeinsamen *Empower-Yourself*-Reise wir uns gerade befinden: Wir haben mit einem Lifestyle-Check begonnen. Du weißt nun, welche schlechten Gewohnheiten in deinem Leben aktiv sind und welche Gewohnheiten eine bessere Wahl wären, um der goldenen Version von dir näherzukommen. Im nächsten Schritt haben wir dein Ressourcen-Portal installiert und aktiviert, sodass du ab sofort Zugang zu dieser unendlichen Energiequelle hast. Durch die Beantwortung der Fragen zur Black- und zur White-List sind wir dann ein Stück näher an deine Gravitationszone herangekommen. Der wichtigste Punkt in diesem Kapitel ist, dass wir die Sogkraft deiner Gravitationszone umkehren. Diese Sogwirkung hält sich vor allem dann aufrecht, wenn du versuchst, deine Gravitationszone zu bekämpfen und sie als Feind zu sehen. Leider musst du hier einsehen, dass der Feind viel stärker ist als du und immer wieder

Wege findet, dich einzunehmen. Deshalb gehen wir den Weg des vergebungsvollen Kriegers – mit der nächsten Visualisierungsübung.

Challenge No. 5: Frieden schließen mit der Gravitationszone und Installation von »Alles ist möglich«

Zieh dich für ein paar Minuten an einen ruhigen Ort zurück, mach es dir bequem und schließ deine Augen. Nimm ein paar tiefe Atemzüge, indem du durch die Nase ein- und durch den Mund mit einem »Haa« ausatmest.

Aktiviere nun dein Ressourcen-Portal, indem du den zweiten Power-Move durchführst: linke Hand auf den Unterbauch, rechte Hand auf den Scheitel. Stell dir dabei vor, dass sich der Zentralkanal in deinem Körper in der Farbe deiner Ressourcen-Aktivierung verfärbt und sich dein Krafttier entlang dieser zentralen Achse auf und ab bewegt. Du wirst merken, dass sich innerhalb weniger Momente das Schwingungs- und Energielevel in deinem Körper verändert und du wacher und klarer wirst.

Erinnere dich daran, welche Blume sich dir als Bild deiner Gravitationszone gezeigt hat. Sieh sie jetzt vor deinem inneren Auge, so gut es dir möglich ist. Und stell dir dann vor, dass du als Miniatur auf dieser Blume liegst, völlig entspannt und gelöst. Du genießt es, und man sieht deinen Gesichtszügen deutlich an, wie wunderbar es dir geht.

Nun stell dir vor, du schließt dort auf deiner Blume die Augen und richtest deinen Blick innerlich nach oben. Deine Augen rollen leicht nach oben. Dein Fokus fließt dabei genau in die

Mitte deines Kopfes, also in den Raum hinter deinen Augen und in die Mitte zwischen den Ohren. Das aktiviert den Gammazustand des Gehirns und die Zirbeldrüse. Stell dir die Frage: Wenn ich genau dort in der Mitte meines Kopfes einen funkelnden Stein sehen könnte, in welcher Farbe würde er sich mir zeigen? Blau, Grün oder eine komplett andere Farbe? Was auch immer dir als Erstes in den Sinn kommt, das ist es.

Während du deinen Fokus auf diesen Stein in der Mitte deines Kopfes hältst, sprichst du folgendes Kommando laut und deutlich aus: »Auch wenn ich nicht weiß, wie ich es tue, weiß ich, dass ich jetzt bereit und offen dafür bin, mich mit meiner kompletten Gravitationszone zu versöhnen. Jetzt. Jetzt. Jetzt.«

Nimm ein paar tiefe Atemzüge, beobachte, ob sich innerlich etwas verändert, und fahre dann mit folgendem Kommando fort: »Es ist für mich sicher, natürlich und leicht, mich selbst mit all meinen Unvollkommenheiten anzunehmen und mir zu vergeben. Ich liebe meine Unvollkommenheit. Was ich aber noch viel mehr liebe, sind Entwicklung, Fortschritt und Freiheit. Ich öffne mich jetzt der goldenen Version meiner selbst. Jetzt. Jetzt. Jetzt.«

Nimm auch jetzt wieder ein paar tiefe Atemzüge und spür nach.

Zum Abschluss stell dir vor, dass sich die Blume, auf der du noch immer ganz entspannt liegst, in eine weiße Wolke verwandelt. Diese weiße Wolke trägt dich empor in die Unendlichkeit des Universums, und dir wird bewusst, dass deine Möglichkeiten, dich zu entfalten, grenzenlos sind. Alles ist möglich. Alles ist möglich. Alles ist möglich.

Dieser Satz »Alles ist möglich« klingt in dir und in jeder Faser deines Körpers nach, und jedes Mal, wenn dich die Sogkraft deiner Gravitationszone einzunehmen droht, wird dieser Ausspruch deine selbst angelegten Fesseln, die dich in dieser Zone festhalten, sprengen. »Alles ist möglich.« Das ist dein Empower-Satz und zugleich auch der Deaktivator für den Sog aus deiner Gravitationszone.

Die Challenge *Frieden schließen mit der Gravitationszone und Installation von* »*Alles ist möglich*« in Kurzfassung

- Entspann dich, atme auf »Haa« aus.
- Aktiviere dein Ressourcen-Portal.
- Entspann dich dann auf der Gravitationsblume.
- Blicke mit geschlossenen Augen innerlich zur Mitte des Kopfes.
- Sprich: »Auch wenn ich nicht weiß, wie ich es tue, weiß ich, dass ich jetzt bereit und offen dafür bin, mich mit meiner kompletten Gravitationszone zu versöhnen. Jetzt. Jetzt. Jetzt.«
- Sage: »Es ist für mich sicher, natürlich und leicht, mich selbst mit all meinen Unvollkommenheiten anzunehmen und mir zu vergeben. Ich liebe meine Unvollkommenheit. Was ich aber noch viel mehr liebe, sind Entwicklung, Fortschritt und Freiheit. Ich öffne mich jetzt der goldenen Version meiner selbst. Jetzt. Jetzt. Jetzt.«
- Reise dann ins Universum auf der Blume, die zur weißen Wolke wurde, und installiere den *Empower-Yourself*-Satz und Sog-Deaktivator: »Alles ist möglich.«

Insiderwissen

Wir haben bei dieser Challenge dein Ressourcen-Portal eingesetzt, denn es hilft immens dabei, aus alten Mustern auszusteigen und Transformationsprozesse in Gang zu setzen. Es sorgt nämlich dafür, dass du keinerlei Energiedefizite erfährst und dich nach diesen Übungen erfrischt fühlst. Zudem entfesseln wir dadurch jedes Mal eine immense Kraft in dir. Das Leben ist ein Zusammenspiel von Licht und Schatten. Wir können den Schatten nicht einfach verdrängen oder ausschalten, aber wir können das Licht nutzen, um die Teile in unserem Leben zu beleuchten, die zuvor im Dunkeln lagen. Das tun wir, wenn wir uns die Gravitationszone als eine Blume vorstellen. Das Dämonisch-Böse dieser Zone verschwindet, und wir deaktivieren seinen nachteiligen Sog. Wir sind sogar so mutig und zentriert, dass wir es uns auf dieser Zone bequem machen und uns entspannen. In meiner Arbeit als spirituelle Trainerin stelle ich immer wieder fest, dass Menschen jahrelang Dinge und Themen in ihrem Leben bekämpfen, bis sie merken, dass sie sich von allein auflösen, wenn sie ihren Widerstand aufgeben.

Ein enorm wichtiger Teil vieler Challenges in diesem Buch ist der Umgang mit dem inneren Kritiker oder, wie ich ihn auch gern nenne, inneren Wächter. Wir besitzen alle so einen Anteil. Er steht sozusagen an der Tür zum Bewusstsein und entscheidet darüber, was er dort hineinlassen will und was nicht. Er ist aber auch derjenige, der destruktive und kritische Kommentare abgibt, und zwar zu allem, was um uns herum und innerlich abläuft. Gern bringt er uns auch dazu, alles persönlich zu nehmen und uns angegriffen zu fühlen. Er ist eine wichtige

Instanz des Überlebensinstinktes und des Egos und letztlich können wir ihm dankbar sein.

Wenn es allerdings darum geht, sich zu transformieren, zu verändern und neue Erfolgserlebnisse zu schaffen, steht er uns eher im Weg als zur Seite. In vielen spirituellen Schulen und Coachingmethoden versucht man, diesen inneren Wächter auszuschalten, und auch ich habe an mir selbst, meinen Klienten und Schülern bereits unterschiedlichste Dinge ausprobiert, um ihn für eine gewisse Zeit außer Gefecht zu setzen. Einiges hat gut funktioniert, anderes nur mittelmäßig. Meinen absoluten Durchbruch bei diesem Thema hatte ich, als ich auf den Gammazustand stieß. Heute wende ich diesen Zustand für mich selbst und für die Menschen, die ich begleiten darf, sehr erfolgreich an und kann mit absoluter Sicherheit sagen: Das ist der effektivste Weg, den inneren Kritiker zur Ruhe zu bringen.

Was konkret passiert, wenn wir in den Gammazustand gehen, ist Folgendes: Das Gehirn beginnt, vermehrt Gammawellen zu erzeugen. Diese sind sehr schnell, sie liegen bei über 30 Hertz. Bei über 40 Hertz synchronisieren sich beide Gehirnhälften, und wir können die volle Power unseres Gehirns nutzen. Du bist im Gammazustand vollkommen konzentriert, fokussiert und entspannt zugleich. Dieser Zustand hat nichts mit Trance zu tun. Die Gammawellen sind noch am wenigsten erforscht. Man hat aber festgestellt, dass sich buddhistische Mönche, die viele Stunden am Tag meditieren, sehr häufig in diesem Zustand befinden.

Wieso sollte auch für dich dieser Zustand erstrebenswert sein? Weil du in diesem Zustand nicht kritisch sein kannst und deinem inneren Wächter die Macht entzogen ist. Eine der einfachsten und schnellsten Wege, in den Gammazustand zu gehen, ist es, die Augen geschlossen nach oben zu rollen und den Blick in die Mitte des Kopfes zu richten. Wir fokussieren uns dabei auf der biologischen Ebene auf die Zirbeldrüse.

Exkurs Zirbeldrüse

Die Zirbeldrüse wird auch als Epiphyse bezeichnet und aufgrund ihrer sehr kleinen Größe oft vergessen oder vernachlässigt. Sie ist aber weitaus mehr als eine Drüse, sie ist nämlich auch eine Verbindungsstelle zum kosmischen Quantenfeld und damit für jede Art von bewusstseinserweiternder Technik sehr wichtig. Darüber hinaus reguliert sie unseren Schlafrhythmus und nächtliche Verjüngungs- und Reparaturprozesse. Leider ist die Zirbeldrüse in den vergangenen Jahren bei uns Menschen stark geschrumpft. Das liegt wahrscheinlich unter anderem daran, dass wir in unserer modernen Gesellschaft nicht mehr mit dem Rhythmus der Natur gehen und ständig künstlichen Lichtquellen ausgesetzt sind. Das lässt die Zirbeldrüse verkümmern. Fluoride und toxische Mittel, die sich im Körper ansammeln können, führen auch dazu, dass sich die Zirbeldrüse zurückentwickelt. Dem kann man mit Entgiftungen und dem Verzicht auf künstliches Licht (soweit möglich) entgegenwirken. Viele der alten Hochkulturen waren sich der Kraft der Zirbeldrüse bewusst und maßen ihr große spirituelle Bedeutung bei, zum Beispiel die alten Ägypter, die die Zirbeldrüse als das Auge ihres Haupt- und Himmelsgottes Horus bezeichneten. Wissenschaftler scheinen einen Beweis für die Verbindung zwischen Zirbeldrüse und spirituellen Erfahrungen gefunden zu haben, denn die Zirbeldrüse produziert offenbar ein Hormon namens Dimethyltryptamin (DMT). Dieses DMT wurde auch in halluzinogenen Pflanzen gefunden: Es verursacht ihre berauschende Wirkung. Durch dieses Hormon wird es unserem Gehirn ermöglicht, neuartige Gedankenstrukturen und Empfindungen zu kreieren, und wir beginnen, innere Bilder visuell stärker und deutlicher zu erleben.

Jedes Mal, wenn du in den Gammazustand gehst und deine Zirbeldrüse durch das Hochrollen deiner Augen aktivierst, erhältst du Zugang zu einem Wissen, das außerhalb deiner menschlichen Begrenzungen liegt. Du trittst in die Welt der göttlichen Weisheit in dir ein. Also ist das ab sofort ein weiteres Power-Tool, das dich auf deiner *Empower-Yourself*-Reise begleitet.

Dazu gehören auch die Kommandos. Vielleicht erschien es dir etwas komisch, sie laut auszusprechen. So ergeht es jedem, der das zum ersten Mal macht. Es ist aber wichtig, diese Dinge wirklich laut und deutlich zu sagen. Ist dir schon mal aufgefallen, dass Worte enorme Kraft haben? Sie sind Ausdruck deiner Manifestationskraft. Deine Worte erschaffen deine Realität. Wenn wir davon ausgehen, dass du ein Ausdruck der Quelle bist und somit die Quelle selbst in einer menschlichen Version, wären deine Worte auch gleichzeitig Tools, über die du ständig mit der kosmischen Quelle im Dialog bist. Egal, was du denkst, sprichst oder schreibst, es sind letztlich alles Befehle an die Quelle, sie in die Realität umzusetzen.

Jetzt musst du vielleicht erst mal schlucken. Es kann sein, dass dir bewusst wird, dass du nicht immer nur positive Dinge über dich und die Welt um dich herum denkst und sagst. Das ist auch gar nicht möglich, weil wir in einer dualen Welt leben, zu der auch der Schatten gehört. Dennoch empfiehlt es sich, genauer ins Auge zu fassen, was du immer wieder denkst und sagst und was damit Realität und deine Welt erschafft und gestaltet.

Wenn du in der Übung nun gewisse Kommandos laut aussprichst, hat das eine große Kraft. Du kannst deine Energie und deine Fähigkeit, Energie intelligent zu nutzen und zu lenken, damit voll ausschöpfen. Du und ich, wir sind nämlich Meisterinnen und Meister der Selbstmanipulation und der Selbsthypnose. Du hast die Fähigkeit, dir bestimmte Dinge einzureden – und sie manifestieren sich dann. Diesen Effekt nutzen wir bei dieser Challenge. Gleichzeitig schaffst du es, beide Gehirnhälften mit der Information des Befehls zu erreichen, wenn du die Sätze laut aussprichst.

Durch diese Übung, die du gern ganz nach Empfinden wiederholen kannst, schaffst du es, dass sich die Anziehungskraft deiner Gravitationszone deutlich verringert oder nahezu komplett deaktiviert wird. Du wirst frei, Neues auszuprobieren und dich für Dinge zu öffnen, an denen du wachsen kannst. Ich empfehle dir, diese Übung an drei aufeinanderfolgenden Tagen durchzuführen und erst dann mit den nächsten Challenges fortzufahren. Dadurch werden dir die nächsten Schritte in deiner persönlichen Evolution viel leichter fallen.

Spürst du, was gerade geschieht? Du befindest dich mitten in der Rückeroberung eines deiner Geburtsrechte: des Rechts auf Freiheit. Je mehr Schritte du außerhalb des Gewohnten und Üblichen gehst, desto mehr öffnest du dich für deine persönliche Weiterentwicklung. Das wird dir guttun. Es kann allerdings sein, dass gewisse Anteile in dir auf diese Veränderung mit ein paar Stressreaktionen antworten. Darum kümmern wir uns jetzt.

Die mentale Stresszone – und ihre Geschenke an dich

Etwas, was ich von meinen Eltern früher sehr häufig zu hören bekam, war:»Kind, lehn dich nicht zu weit aus dem Fenster, du könntest rausfallen.« Damit wollten sie mich darauf hinweisen, dass mir meine rebellischen Ansichten auch schaden könnten und dass ich doch mal versuchen sollte, die Füße stillzuhalten. Ich war ein sehr unangepasstes Kind, wollte meine Eltern nicht als Autorität akzeptieren und bestand lange Zeit darauf, sie beim Vornamen zu nennen. Gewisse Konzepte, die von allen um mich herum vertreten wurden, machten mich wütend, und ich hatte immer eine eigene Meinung zu allem. Ich glaube, das war zum Teil ziemlich anstrengend für meine Eltern.

Vielleicht erging es dir als Kind auch so. Und vielleicht hast auch du deine rebellische Ader bis heute nicht verloren und bist immer noch auf der Suche nach Wegen, dich selbst authentisch und ehrlich zu zeigen. Vielleicht ist aber etwas anderes mit dir passiert, und du hast dich irgendwann im Laufe deiner Entwicklung angepasst, um geliebt und akzeptiert zu werden. Das ist fast so, als hättest du für den Preis von Anerkennung und Liebe einen wichtigen Teil deiner Persönlichkeit abgespalten. Es ist der mutige Teil in dir, der sich nicht scheut, den eigenen Herzensweg zu gehen. Mit den Tools von *Empower Yourself* laden wir genau diesen Teil deines Wesens nun wieder ein und integrieren ihn. Das wird dir sehr viel Power geben und dich zielgenau zu mehr Erfüllung im Leben führen.

In diesem Kapitel beginnst du nun, dich sehr weit aus dem Fenster zu lehnen. Natürlich besteht dabei eine gewisse Gefahr, aus dem Fenster zu fallen und sich zu verletzen. Dein Körper, dein Geist und deine Überlebensinstinkte werden beginnen, dir Signale von Stress, Angst und Unruhe zukommen zu lassen, um dich davon abzuhalten. Aber was wäre, wenn es da gar keine ernst zu nehmende Höhe gäbe oder vielleicht unten auf der Erde ein weiches Auffangbecken stünde, das dich sicher auffängt, falls du fällst?

An dieser Stelle müssen wir uns auch fragen, was dich denn dazu bringt, dich weit aus dem Fenster zu lehnen. Ist es Neugier darauf, was es draußen in der großen weiten Welt gibt? Das wäre der innere Drang nach dem, was das Leben für dich noch bereithält. Es kann auch sein, dass du vom Inneren des Hauses so gelangweilt und frustriert bist, dass du Auswege aus diesem selbst erschaffenen Gefängnis suchst. Vielleicht ist da in dir eine Stimme, die sagt: Trau dich, tu es, schau nach draußen! Es gibt noch so viel mehr als deine sichere alte Umgebung (deine Gravitationszone).

Egal aus welcher Motivation heraus du dich zu weit aus dem Fenster lehnst, es zeigt, dass du dich für etwas Neues öffnest. Und wenn du das tust, werden gewisse Teile in dir in Stress geraten. Du bist offen und bereit für all das Neue, aber irgendetwas in dir sagt: stopp! Es sagt vielleicht auch: Du könntest dich verletzen, was du draußen siehst, könnte dir nicht gefallen, oder es könnte sein, dass deine Familie und deine Freunde dich verstoßen oder dich nicht mehr lieben, weil sie denken, dass du dich von ihnen entfernen willst ... Es sind Angst und Stress in dir, die da sprechen, und es ist ganz normal, dass die entsprechenden Gefühle in dir hochkommen, sich als Gedanken manifestieren und dich aufzuhalten drohen.

Ich erlebe es immer wieder, dass Menschen Angst vor den Verurteilungen ihrer Kollegen haben, wenn sie beginnen, in der Kantine nicht mehr das Übliche zu essen und zum Beispiel auf vegane Kost umsteigen. Oder dass Menschen stressvollen Situationen mit ihrem Partner ausweichen wollen, die auftauchen könnten, wenn sie sich auf irgendeine Art und Weise verändern. Es kommt tatsächlich immer wieder vor, dass Menschen unbewusst meinen, sie dürften sich nicht besser fühlen als ihr Partner. Denn dann könnte es sein, dass der Partner sich nicht mehr verstanden und geliebt fühlt, weil man aufhört, gemeinsam zu leiden. Es ist leider eine traurige Wahrheit, dass viele Beziehungen nicht nur auf Liebe basieren, sondern auch auf dem gemeinsamen Leiden. Steigt einer aus dieser Leidensspirale aus, kann es passieren, dass man eine essenziell wichtige Gemeinsamkeit verliert und die Beziehung in die Brüche geht. Viele Menschen spüren das intuitiv und verhindern für den Preis einer nicht mal erfüllenden Beziehung ihre Entwicklung.

Ich könnte dir noch Dutzende von weiteren Beispielen nennen, wo Menschen mit Stress und Angst nicht umgehen können und wieder zurück in das Gewohnte gehen. Doch lass uns mal für einen Moment an die Menschen denken, die wirkliche Revolutionäre waren und unsere Erde ein Stück weit verändert und verbessert haben, wie Mahatma Gandhi oder Mutter Teresa. Sie hatten eine so große innere Überzeugung, ein so starkes und großes Warum für ihr Tun, dass es ihnen jeglichen Stress wert war. Mahatma Gandhi wusste um die Gefahr für sein Leben, und dennoch hat er seine Wahrheit ausgesprochen, weil sein innerer Antrieb so massiv war.

Wie sieht es mit deinem inneren Antrieb, deinem Warum aus? Wieso machst du dir die ganzen Mühen mit den Übungen aus diesem Buch und allem anderen, was du sonst für deine Entwicklung tust? Du könntest doch ein viel einfacheres Leben haben, wenn du dir über all diese Dinge nicht den Kopf zerbrichst und einfach alles laufen lässt. Oder?

Wäre das dann aber ein Leben, das für dich lebenswert wäre? Mit welchem Gefühl würdest du nachts einschlafen, wenn du wüsstest, dass du heute gelebt wurdest und nicht gelebt hast? Welche Gedanken könnten dir durch den Kopf gehen, wenn du irgendwann deine letzten Atemzüge nimmst und weißt, dass du nie dein eigenes Leben gelebt hast, sondern eins, das von dir erwartet wurde und das am einfachsten war?

Ich glaube nicht nur, sondern ich weiß, dass du aus einem höheren Grund hier bist, dass du dich für dieses Leben entschieden hast, weil du ganz genau wusstest, dass du hier wachsen und einen Beitrag leisten kannst für mehr Frieden und Liebe auf der Erde. Ich weiß, dass deine Seele, dein Höheres Selbst, dein Herz oder wie auch immer du diese höhere Instanz in dir nennen möchtest, danach lechzt, deine ganz persönliche seelische Signatur auf der Erde zu hinterlassen, um sie zu einem besseren Ort werden zu lassen. Ich weiß das. Und ich denke, du weißt es auch.

Für viele Menschen ist ihr Warum nicht groß und stark genug. Sie lassen sich treiben, fließen mit den Geschehnissen mit und wissen nicht, warum sie all das tun oder nicht tun, was ihr Leben ausmacht. Sie haben ein größeres Wie. Ihr Wie ist stärker als ihr Warum. Sie sind viel zu viel mit Fragen wie diesen beschäftigt: Wie soll ich das bloß schaffen? Wie soll das denn gehen, dass man die eigene Gravitationszone so einfach verlässt? Wie würden die Menschen über mich denken, wenn ich aus dem Alten ausbrechen würde? Wie würde meine Familie, wie würden meine Freunde über mich reden, wenn sie merken, dass ich das alte Spiel nicht weiterführen will? Wie kann ich es schaffen, mehr mich selbst zu leben? Wie soll ein Buch wie dieses mir denn helfen, all die positiven Veränderungen hervorzurufen?

Bitte verstehe mich nicht falsch, es ist alles in Ordnung mit diesen Fragen, und jeder von uns stellt sie sich auf seine Weise. Aber der Punkt ist, ob diese Fragen deinen inneren Dialog dominieren oder nicht. Wenn dein Warum stärker wird, hörst du auf, an diesen Wie-Fragen herumzugrübeln, und handelst aus deinem großen Warum heraus. Hätte man Mahatma Gandhi zu seinen Lebzeiten gefragt, warum er all dies tut, hätte er womöglich gesagt: für unser aller Freiheit. Sein Warum war so stark, so groß und so machtvoll, dass er sich gar nicht im Grübeln verlieren konnte. Er war in purer Aktionsbereitschaft und handelte im Einklang mit seinem Warum.

Lass uns über dein Warum sprechen. Ohne ein großes und starkes Warum hat nämlich die Stresszone, in die du automatisch eintrittst, wenn du die Sicherheit deiner Gravitationszone verlässt, zu viel Macht über dich. Es könnte dann sein, dass du dich wieder ins Gewohnte zurückziehst. Würden wir dein Warum an dieser Stelle des *Empower-Yourself*-Weges nicht herauskristallisieren, würdest du wahrscheinlich nicht weit kommen.

Challenge No. 6: The Why-Diamond

Zeichne über eine gesamte Seite in deinem *Empower-Yourself*-Notizbuch die geometrische Form dieses Diamanten (siehe Seite 66). Beantworte dann schriftlich folgende Fragen:

● Was lässt dich in der Früh aus dem Bett springen, voller Antriebskraft und Freude?

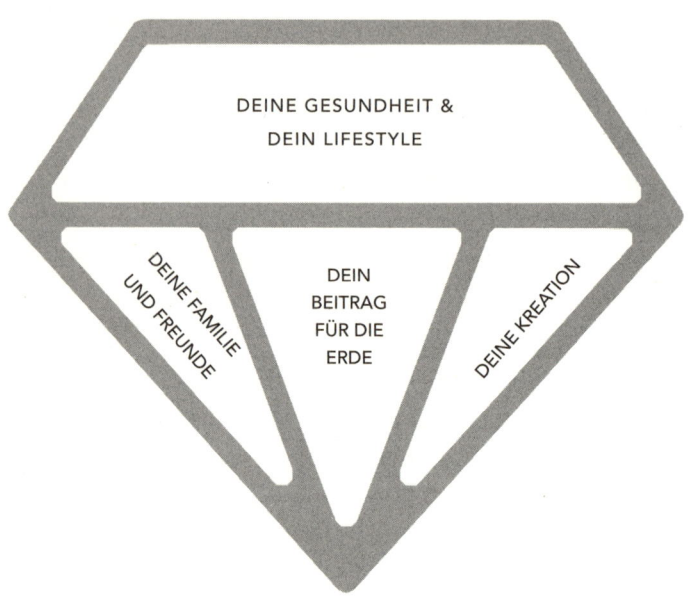

DEINE GESUNDHEIT &
DEIN LIFESTYLE

DEINE FAMILIE UND FREUNDE

DEIN BEITRAG FÜR DIE ERDE

DEINE KREATION

- Falls du das momentan nicht so erlebst, frage dich stattdessen: Falls es so wäre, dass du voller Euphorie morgens aus dem Bett springst, aus welchen Gründen und welchem inneren Antrieb heraus wäre das so?

- Jeder Mensch besitzt eine Special Edition von einem Talent, einem Potenzial, einer Fertigkeit oder einem Können. Wie sieht deine Special Edition aus, und wie könnte dieses Talent dazu beitragen, dass sich die Erde zum Positiven verändert?

- Welche Qualitäten und Eigenschaften schätzen deine Familie und deine Freunde besonders an dir?

- Wie könnte dein idealer Tag aussehen? An welchem Ort auf der Erde möchtest du in der Früh aufwachen? Und mit welchen Gedanken möchtest du nachts einschlafen?

Diese Fragen sollen dich dabei unterstützen herauszufinden, aus welchen Elementen dein Why-Diamond bestehen könnte. Lass uns daher die einzelnen Elemente genauer anschauen.

Gesundheit und Lifestyle

Hier gibt es für viele von uns ähnliche Antriebskräfte oder Warums. Wir wollen alle gesund sein, einen flexiblen Körper haben, der uns mit einem Gefühl von Leichtigkeit durchs Leben trägt. Wir wollen uns bis ins hohe Alter jung und dynamisch fühlen. Unsere Gesundheit soll uns darin unterstützen, jeden Tag das Leben in vollen Zügen zu genießen und uns in unserem Körper wohlzufühlen. Im oberen Teil deines Why-Diamonds kannst du all diese Aspekte sammeln, die für dich einen inneren Antrieb darstellen, gut für dich und deine Gesundheit zu sorgen. Ein zielführender und erfüllender Lifestyle wäre nämlich sehr viel schwerer umsetzbar, wenn du nicht gesund wärst. Was helfen dir zum Beispiel alles Geld und alle Luxusartikel der Welt, wenn du krank wärst und all das gar nicht genießen könntest. Täglich etwas für deine Gesundheit zu tun, ist die wichtigste Investition im Leben.

Familie und Freunde

Für eine gewisse Zeit in meinem Leben hatte ich mich stark von meinen Mitmenschen entfernt und mich zurückgezogen. Ich bildete mir ein, eine Einzelkämpferin zu sein, niemanden zu brauchen, und dachte, dass mich ja sowieso niemand verstehen würde. Das war die traurigste und einsamste Zeit in meinem Leben. Denn wir sind soziale Wesen, die sich seelische Nahrung aus liebevollen Beziehungen ziehen müssen, um echte Erfüllung zu finden. Wenn du niemanden in deinem

Leben hast, mit dem du deine Erfolge teilen kannst, sind deine Erfolge nur halb so viel wert. Notier dir in Feld zwei daher alle familiären und beziehungstechnischen Aspekte, die für dich einen inneren Antrieb darstellen und dich morgens aufstehen lassen.

Deine Kreation

Wir sind alle hier, um etwas zu erschaffen. Denn die 3-D-Welt, die wir erfahren, liefert uns alle Mittel, um Schöpferinnen und Schöpfer zu sein. Durch Materialien, Wissen und Energie sind wir in der Lage, zu kreieren und das Unsichtbare, wie zum Beispiel eine Idee oder Vision, ins Sichtbare zu katapultieren. Wie schaffst du es in deinem Leben, Unsichtbares sichtbar werden zu lassen? Was entspringt deinem Schaffensprozess? Was treibt dich an, dranzubleiben und deine schöpferische Kraft voll und ganz anzunehmen? Notier all das im Feld drei.

Dein Beitrag für die Erde

Ich glaube daran, dass jeder Mensch etwas zu geben hat, was anderen helfen oder sie inspirieren kann. Auch du kannst so eine Inspiration sein. Dieser Teil vier des Diamanten ist der wichtigste und, wie du sehen kannst, auch der größte. Dieser Aspekt deines Warum ist es, der dir den größten Drive und den massivsten Push geben kann, in Aktion zu gehen. Notiere dir also im Feld vier, was du der Welt, der Erde konkret zu geben hast. Denk daran, dass viele Menschen, die wir als erfolgreich oder sogar als Idole bezeichnen, diesen Aspekt ihres Warum voll und ganz in Besitz nehmen und nach diesem Codex leben.

Nun hast du ein extrem kraftvolles Tool in der Hand: deinen Why-Diamond. Wenn du möchtest, kannst du diesen »Warum-Diamanten« in einem größeren Format ausdrucken und irgendwo dort aufhängen, wo dich die Stresszone von Zeit zu Zeit einzunehmen droht. Wenn das zum Beispiel in der Arbeit passiert, häng ihn in deinem Büro auf. Oder vielleicht spürst du deine Stresszone vor allem zu Hause, wenn du von der Arbeit kommst und in der Küche etwas zum Essen vorbereiten willst. Dann sollte er in der Küche hängen. Oder du hängst deinen Diamanten irgendwo in deinem Zuhause auf, wo du häufiger vorbeiläufst. Auch wenn du nicht bewusst hinschaust, dein Unterbewusstsein nimmt die Umgebung voll und ganz wahr und saugt jede Info auf, so auch dein Warum. Dann wirst du über den Tag hinweg immer wieder subtil dazu angehalten, auf deinem Weg zu bleiben und dich nicht vom Sog des Alten und Engen einfangen zu lassen.

Wenn du den Why-Diamond-Effekt verstärken möchtest, könntest du den verschiedenen Feldern auch Fotos, Bilder oder Symbole hinzufügen, die für dich die Energie dieses Bereichs darstellen. Wir wissen, dass unser Gehirn auf visuelle Eindrücke besonders stark reagiert, und können das hier gezielt nutzen. Dieser Diamant ebnet dir den Weg, jeden Tag immer besser deine Stresszone zu meistern. Wenn du es schaffst, all diesen Stress und die Angst vor Veränderung hinter dir zu lassen, trittst du in ein Feld ein, das alle Möglichkeiten der Selbstentfaltung bereithält.

Der freie Fall – Believe Gap

Wir waren dabei, uns zu weit aus dem Fenster zu lehnen, und unser System reagierte darauf mit Stress. Den haben wir mittlerweile relativ gut im Griff. Wie aber geht es nun weiter? Ziehst du dich wieder zurück in das Gewohnte, weil du Angst hast, etwas Neues und Unbekanntes in dein Leben zu lassen? Oder traust du dich, dich nicht nur aus dem Fenster zu lehnen, sondern dich herausfallen zu lassen – in dem inneren Wissen, dass dir nichts passieren kann?

Ich erlebe es immer wieder, dass Menschen an einem gewissen Punkt ihrer Entwicklung stagnieren, ja vielleicht sogar einen Schritt zurückgehen. Sie verdrängen die Einsicht, dass das Leben, das sie bis jetzt geführt haben, doch nicht so ganz das Wahre war. Sie verteidigen ihre Vergangenheit und merken dabei gar nicht, dass genau das dazu führt, dass sie sich nicht weiterentwickeln.

Elisabeth ist ein Beispiel dafür, wie schwer wir uns mit dem freien Fall tun können. Sie suchte mich vor einiger Zeit auf, weil sie sich unerfüllt und frustriert fühlte. Sie war Ärztin und hatte ihr Leben lang gedacht, dass die Medizin und die Arbeit mit Patienten sie voll und ganz erfüllen würde. Nun stand sie mitten im Arbeitsleben und merkte, dass das doch nicht ihr Weg zu sein schien, denn sie fühlte sich von Tag zu Tag leerer und unglücklicher. Sie erzählte mir, dass sie als Kind immer wieder Kontakt zu Engeln gehabt hatte und sie auch heute noch ab und zu wahrnehmen und mit ihnen kommunizieren konnte. Ich fragte sie nach ihrer absoluten Wunschvorstellung vom Leben, von wirklicher Erfüllung und Sinnhaftigkeit. Und sie sprach von ihrem tieferen inneren Wunsch, als Engel-Medium zu arbeiten und über diesen Weg anderen Menschen zu helfen. Im gleichen Atemzug sprach sie aber auch davon, dass das übermütig von ihr sei und bedeuten würde, dass sie all die Jahre umsonst studiert hätte. Das könne sie sich selbst nicht eingestehen. Ich fragte sie, ob sie sich aus Stolz bis ins Alter durch diesen Job quälen möchte, nur weil sie sich sonst eingestehen müsste, dass ihr Leben nicht so verlief, wie sie es geplant hatte. Ich versuchte ihr klarzumachen, dass das Medizinstudium ganz sicher einen Zweck erfüllt hatte und sie in der Arbeit als Ärztin auch gelernt hatte, mit Menschen umzugehen. Mit diversen Techniken der mentalen Umprogrammierung eröffneten wir dann in ihrem Bewusstsein einen Raum, in dem alles möglich ist und Wunder geschehen dürfen.

Nach ein paar Wochen erhielt ich eine Mail von ihr. Sie schrieb, dass sie bei einem Seminar zufällig mit einem Verleger ins Gespräch gekommen war und ihm von ihrer Geschichte erzählt hatte. Der Verleger war von ihren Schilderungen sehr angetan und fragte sie prompt, ob sie eventuell daran interessiert wäre, ein Buch über ihre Begegnungen mit den Engeln zu schreiben. Sie könne es gar nicht glauben. Sie freute sich, wurde aber von Zweifeln geplagt, ob das im Einklang mit ihrer Arbeit als Ärztin stehen könnte und ob sie dadurch nicht ihre Sicherheit aufgeben würde.

Elisabeth war an diesem Punkt kurz davor, aus dem Fenster zu fallen, und ich fragte sie, ob sie dieses Wunder nicht als eine Aufforderung des Universums sehen konnte, ihrem Herzenswunsch nachzugehen. Dieses Buchprojekt wäre ihr freier Fall, raus aus der sicheren Umgebung und rein ins Abenteuer. Ein Teil von ihr glaubte aber nicht daran, dass das am Ende für sie gut ausgehen würde. Zweifel darüber, ob sie denn wirklich als

Engel-Medium taugen würde, kamen hoch: Elisabeths Glaubenslücke. So nenne ich eine innere Überzeugung, dass etwas, was man sich wünscht, für einen doch nicht möglich und nicht machbar sei. Man geht davon aus, dass einem irgendetwas fehlt, um diese Wunschwirklichkeit manifestieren und leben zu können. Je größer die Selbstzweifel sind, die Ängste vor der Zukunft und die inneren Unsicherheiten, desto größer ist auch die Glaubenslücke. Für Elisabeth war sie unüberwindbar groß.

Was, glaubst du, hätte sie überzeugen können, dass sie die Kraft hat, ihre Glaubenslücke zu schließen? Welche Ressource hätte ihr geholfen, die neue Realität in Besitz zu nehmen? Diese ultimative Ressource ist: Sicherheit. Denn es ist genau die Unsicherheit, die sie denken und fühlen lässt, dass sie es nicht schaffen und als Engel-Medium nicht erfolgreich sein könnte. Das verlagert ihren Fokus weg von ihren Kräften hin zu dem, was sie denkt, nicht zu besitzen. Sie fokussiert sich auf den Mangel und nicht auf ihre Stärken.

Einer der schnellsten und effektivsten Wege, den Fokus auf die eigenen Ressourcen wie innere Sicherheit und Selbstwertgefühl zu richten, ist, sich selbst die passenden Fragen zu stellen. Du kannst sie dir wie Flügel vorstellen, die dich sicher auf die andere Seite bringen, wo deine Wunschrealität auf dich wartet.

Wir sind alle Meisterinnen und Meister darin, Probleme und Mängel zu sehen, auch wenn die vielleicht gar nicht real sind. Wir wurden alle mehr oder weniger darauf konditioniert, effektive Problemfinder zu sein. Stell dir mal vor, dass unser Gehirn wie Google funktioniert. Wenn du dir innerlich eine Frage stellst, wird es sofort eine Antwort suchen. Fragst du: »Wieso muss mir immer so etwas Schlimmes passieren?«, folgt ein:

»Weil du etwas Besseres nicht verdienst, das hat auch dein Ex-Freund immer zu dir gesagt.« Dein Gehirn findet also sofort eine Bestätigung deines Selbstunwertgefühls, so wie es schon in der Frage mitschwang.

Wie wäre es aber, wenn wir diesen Mechanismus umkehren, indem wir keine negativ formulierten Fragen mehr stellen, sondern welche, die uns eine noch nicht vorhandene Wunschwirklichkeit innerlich bestätigen? Wenn wir den Spieß umdrehen und dem Gehirn beispielsweise die Frage servieren: »Wieso habe ich im Leben immer das Beste verdient?« Es wird auch in diesem Fall auf die Suche gehen und innere Bilder, Sätze und vergangene Situationen aufkommen lassen, die das bestätigen. Es könnte dann sein, dass in uns Bilder von schönen Tagen oder Begegnungen auftauchen, die für uns bereichernd waren. Und es fallen uns unsere guten Qualitäten ein.

Nehmen wir nochmals Elisabeth. Eine für sie optimal formulierte Frage wäre zum Beispiel: »Wieso fällt es mir so leicht, mich für das Leben als Engel-Medium zu öffnen?« Oder: »Warum liebe ich es so sehr, als Engel-Medium andere Menschen zu unterstützen?« Oder: »Wieso fühlt es sich für mich so leicht und natürlich an, als Engel-Medium zu arbeiten und meinem Herzenswunsch nachzugehen?«

Challenge No. 7: Mit den richtigen Fragen die Glaubenslücke schließen

An welche Aspekte deiner Wunschwirklichkeit kannst du nicht glauben? An welchen Dingen, die du für die Zukunft manifestieren willst, zweifelst du? Sammel all deine Glaubenslücken in deinem *Empower-Yourself*-Tagebuch und verwandle sie dann in positive Fragen. Dazu ein paar Beispiele zur Anregung.

Glaubenslücke: »Ich glaube nicht, dass ich es verdient habe, einen schlanken und gesunden Körper zu haben. Niemand in unserer Familie ist schlank und gesund. Wieso also ich?

Die richtige Frage: »Wieso fällt es mir so leicht, zu akzeptieren, dass ich einen schlanken und gesunden Körper haben kann? Warum schaffe ich es in kürzester Zeit, meinen Körper schlank und gesund werden zu lassen?«

Glaubenslücke: »Ich bin finanziell von meinem Mann abhängig und glaube nicht daran, dass ich es schaffen kann, einen Job zu finden. Mein Vater hat früher auch schon immer gesagt, dass ich für nichts so richtig zu gebrauchen bin.«

Die richtige Frage: »Wieso fällt es mir so leicht, mich finanziell unabhängig zu machen und an mich zu glauben? Warum schaffe ich es so schnell und so leicht, einen Job zu finden, der mich erfüllt?«

Diese Challenge sollte zu einem täglichen Ritual für dich werden. Jedes Mal, wenn du merkst, dass du dein Gehirn gerade auf die Suche nach Problemen und Hindernissen geschickt hast, formulierst du innerlich oder laut eine Frage, die den Raum für neue Möglichkeiten eröffnet. Interessant dabei ist, dass du auf diese Fragen gar keine konkrete Antwort benötigst. Dein Geist wird auf die Suche nach einer Antwort gehen, und er wird eine finden oder nicht. Das aber spielt gar keine Rolle. Es geht darum, dass du dich geistig für Möglichkeiten öffnest, die vorher für dich vielleicht gar nicht denkbar gewesen sind.

Dem eigenen Geist mit den richtigen Fragen einen Trigger zu geben, durch den er nach Lösungen sucht, das ist einer der neuen Wege in der Umprogrammierung auf mentaler Ebene. Dieses Vorgehen löst die Affirmationen ab. Denn wie du vielleicht auch schon festgestellt hast, funktionieren diese nur bedingt oder gar nicht. Häufig widerspricht unser Geist den formulierten Aussagen und wirft Gründe auf, wieso das, was man gerade behauptet, nicht stimmen kann. Die richtigen Fragen hingegen sind ein kraftvolles Tool, um den Fokus auf das zu richten, was wir erleben und erreichen möchten. Wir alle sind Teil eines unendlichen Feldes an Möglichkeiten. Schaffen wir es, die Angst vor Veränderung hinter uns zu lassen, die Glaubenslücke zu schließen und unseren Fokus auf das Wesentliche im Leben zu richten, treten wir ein in die Infinity-Zone.

Infinity Zone, die Unendlichkeitszone

Du kennst bereits die Gravitationszone, die Stresszone und nun möchte ich dir die Infinity-Zone vorstellen. Unser Ziel ist es, so flexibel, leicht und anpassungsfähig wie nur möglich zwischen den Zonen zu wechseln. Es geht nicht darum, nie wieder in der Stress- oder Gravitationszone zu sein oder diese komplett auszulöschen. Denn auch sie haben eine wichtige Aufgabe. Doch es geht darum, sich selbst zu trainieren, möglichst schnell die ungünstigen und einengenden Zonen zu verlassen. Das bedeutet flexible Bewegungsfreiheit zwischen den Zonen. Und was nun noch dazukommt: häufigere Aufenthalte in der Infinity-Zone. Denn diese Zone tut uns wirklich gut. Die Unendlichkeit ist für uns das Natürlichste überhaupt. Denn hinter der Fassade von

Körper, Raum und Zeit schlummert in uns die Ewigkeit und eine unbegrenzte schöpferische Genialität. Wieso aber fällt es dir, mir und vielen anderen Menschen nur so schwer, diese Unendlichkeit unserer Möglichkeiten zu akzeptieren und sie leben? Einer der Gründe dafür ist, dass wir Unendlichkeit mit unserem Denkapparat schlichtweg nicht greifen und nicht verstehen können. Unser Denken ist komplett überfordert damit und reagiert auf diese Überforderung mit Angst. Was du nicht ganz verstehen kannst, macht dir auch ein wenig Angst, oder? Es zieht dich irgendwie an, aber gleichzeitig steigt ein Gefühl von Angst und Kontrollverlust auf. Das sind typische Reaktionen deines inneren Wächters. Das Wichtigste für ihn ist, dass er die Lage unter Kontrolle hat und alles überschauen kann. Wenn es aber um die Unendlichkeit geht, steht er komplett auf dem Schlauch. Dass wir unendlich sind, beißt sich mit dem Codex des inneren Wächters. Denn der geht davon aus, dass draußen in der großen weiten Welt Gefahren lauern und dass man sich selbst in Acht nehmen muss vor den »anderen«. Er ist die meiste Zeit im Flucht- oder im Angriffsmodus. Von Zeit zu Zeit stellt er sich tot. Aber es geht ihm immer darum, die Welt als vom Menschen getrennt zu betrachten. Das widerspricht komplett dem Konzept der Quantenverschränkung. Deswegen hier ein kurzer Exkurs in die Quantenphysik.

Insiderwissen

Die gesellschaftlich vorherrschende Logik basiert noch immer auf einem linearen und damit sehr beschränkten Verständnis der Welt. Dabei hat Albert Einstein schon gesagt, dass alles im

Universum mit allem zusammenhängt. Laut der Quantenphysik steht alles im gesamten Universum in einem ständigen Austausch von Informationen, die durch Aufmerksamkeit verändert werden können. Letztlich ist die Aufmerksamkeit, der Fokus an sich auch eine Form von Information. Wir wollen nicht allzu tief in diese Wissenschaft einsteigen. Aber ich möchte ein paar spannende Aspekte daraus beschreiben, die dir dabei helfen können, die Infinity-Zone besser zu verstehen und deine schöpferische Genialität in Besitz zu nehmen.

Ob du atmest, etwas isst oder denkst, es findet auf der Ebene der feinsten Teilchen immer ein Austausch mit dem Universum statt. Du bist ein aktiver Teil des unendlichen kosmischen Feldes. Dein Geist ist dabei bei Weitem nicht auf das Gehirn zu begrenzen. Er ist ewig und unendlich. Man könnte sagen, dass das Universum ein Gedächtnis hat und alles erinnern kann. Wenn das so ist und du einen unendlichen Geist besitzt, der nicht auf dein Gehirn beschränkt ist, dann heißt das: Du hast Zugang zu allen Informationen, die im Universum existieren.

Neueste Untersuchungen der Hirnforschung haben feststellen können, dass Erfahrungen und Informationen im gesamten Körper abgespeichert werden und das Gehirn dabei die Rolle des Koordinators übernimmt. Viele Menschen, denen ein Herz implantiert wurde, erhielten gleichzeitig gewisse Eigenschaften, Erfahrungen und sogar Ängste, die zuvor zum Spender gehörten. Und das, obwohl sie diesen Menschen nicht kannten.

Die Welt, das bestätigt mittlerweile die fortschrittliche Wissenschaft, ist nicht so, wie sie uns erscheint. Jeder Einzelne erschafft sie nämlich in jedem Moment seines Lebens neu. Deine Gedanken und Gefühle sind nichts anderes als Befehle, nach denen sich die universelle Energie in die Form bringt, die deiner Welt entspricht. Erstaunliche Untersuchungen haben gezeigt, dass unsere Art, etwas zu betrachten, die Phänomene komplett dem entsprechend in Erscheinung treten lässt. Daher können sich Situationen für unterschiedliche Betrachter komplett unterschiedlich entwickeln.

Das alles heißt, dass alles im Universum mit allem anderen verwoben ist und du als ein Teil dieses unendlichen Kosmos mithilfe deines Geistes alles beeinflussen und verändern kannst und das auch ständig tust. Wie wäre es nun, wenn du dies ab sofort bewusst tun würdest? Wie wäre es, wenn du jeden Tag etwas tiefer integrieren würdest, dass dir unendlich viele Möglichkeiten zur Verfügung stehen, dein Leben zu leben und deine Potenziale zu entfalten? Genau um diese Möglichkeiten geht es in der nächsten Übung.

Challenge No. 8: Verbindung mit der Infinity-Zone – die Quellverbindung

Zieh dich für etwa zehn Minuten an einen Ort zurück, wo du ungestört für dich sein kannst. Nimm eine aufrechte und bequeme Sitzposition ein und schließ deine Augen. Nimm ein paar tiefe Atemzüge und entspann dich. Lass den Atem einfach fließen und roll deine Augen sanft nach oben, so als würdest du direkt in die Mitte des Kopfes blicken, hin zur Zirbeldrüse. Während deine Augen so bleiben, sprichst du laut und deutlich Folgendes dreimal aus: »Ich gebe all meinen Bewusstseinsteilen das Kommando, in den Gammazustand zu gehen.«

Versuch die Augen nach oben gerichtet zu halten. Wenn sie im Laufe der Übung in die natürliche Position zurückkehren, ist das auch okay. Nun stell dir vor, dass sich der gesamte Raum und alles um dich herum in prickelnde goldene Energie verwandelt. Du spürst, wie diese goldene Energie in deinen Bauch hineinfließt, von dort über das Becken in deine Beine und gleichzeitig nach oben in deinen Herzraum. Dein Herz öffnet und weitet sich, während die goldene Energie über deine Schultern und Arme bis in die Hände fließt. Du spürst den Strom von Energie nach oben durch den Hals in den Kopf fließen und über den Scheitel wieder nach außen. Wie eine Energiedusche ergießt sich diese wundervolle Energie dann über deinen gesamten Körper und in deine Aura, das elektromagnetische Feld deines Körpers. Jetzt fließt die Energie wieder zurück in deinen Bauch und vollendet diesen Zyklus. Stell dir vor, dass du dich in einer Art energetischer Waschmaschine befindest und von innen nach außen durchgespült wirst, reinigend, klärend und öffnend zugleich.

Während du diesen Energiefluss so gut wie möglich geistig verfolgst und genießt, sprichst du ein weiteres Kommando dreimal aus: »Ich verbinde mich jetzt mit der unendlichen Quellenergie und lade meine schöpferische Genialität in mein Leben ein. Tag für Tag öffne und entfalte ich mich mehr und mehr. Ich öffne mich meiner schöpferischen Kreativität und inspiriere andere Menschen, das Gleiche zu tun.«

Nachdem du dieses Kommando gesprochen hast, spürst du für ein paar Momente nach und erlaubst dir, mehr und mehr eins zu werden mit der goldenen Energie. Gleichzeitig bereitet sich dein System immer besser darauf vor, dieses unendliche Potenzial der Quelle als ein Programm in deinem Gehirn zu installieren.

Die Challenge *Quellverbindung* in Kurzfassung

- Du nimmst ein paar tiefe Atemzüge.
- Du rollst die Augen nach oben und sprichst dreimal das Kommando: »Ich gebe all meinen Bewusstseinsteilen das Kommando, in den Gammazustand zu gehen.«
- Lass die goldene Quellenergie in deinen Körper fließen und dich zusätzlich von oben »duschen«. Sprich insgesamt dreimal: »Ich verbinde mich jetzt mit der unendlichen Quellenergie und lade meine schöpferische Genialität in mein Leben ein. Tag für Tag öffne und entfalte ich mich mehr und mehr. Ich öffne mich meiner schöpferischen Kreativität und inspiriere andere Menschen, das Gleiche zu tun.«
- Nachspüren.

Insiderwissen

Was ist eigentlich Quellenergie? Ich bezeichne damit gern die Energie, die uns umgibt, aus der alles entspringt und zu der alles auch wieder zurückkehrt. Im tiefsten Kern von allem, was existiert, können wir Quellenergie finden. Ich persönlich finde, dass dieser Begriff die Neutralität und auch den Ursprung dieser Energie schön zum Ausdruck bringt. Du könntest auch von Liebe, Licht oder Gott sprechen, wenn das für dich stimmiger ist.

Wir nutzen den Gammazustand, um den kritischen Teil des Bewusstseins möglichst abzuschalten und uns dadurch intensiver mit der Quellenergie zu verbinden. Denn diese Energie ist so unermesslich, dass der kritische Wächter uns bei der Verbindung nur im Weg stehen würde.

Ich habe dich bei der Challenge gebeten, dir vorzustellen, dass dich eine goldene Energie umgibt, durchströmt und erfüllt. Das hat einen besonderen Grund, denn man hat herausgefunden, dass die Farbe Gold die Zirbeldrüse aktiviert. Somit erhalten wir durch diese Visualisierung eine intensivere Verbindung zur Quelle und zur Zirbeldrüse.

Du bist jetzt in der Infinity-Zone angekommen – ein besonderer Moment auf deiner Reise! Die Quellverbindung ermöglicht dir Zugang zu einer Endlosspirale nach oben. Ich möchte dich inspirieren, die Quellverbindung täglich, wenn nicht sogar mehrmals am Tag zu nutzen. Du musst dir dafür nicht jedes Mal zehn Minuten nehmen. Es genügt auch eine Minute, in der du die einzelnen Schritte in Speedtempo durchgehst und deine Kommandos sprichst. Wenn du das nicht tust, kann es sehr schnell passieren, dass die Geschehnisse dich einnehmen und wie ein Magnet zurück in die Zonen ziehen, wo unendliche schöpferische Entfaltung nicht möglich ist. Also bleib dran.

Ich bin sehr glücklich, dass ich Menschen begleiten darf, die wiederum andere auf ihrem Weg zur Erfüllung begleiten. Dazu gehört auch Lisa. Sie suchte mich auf, weil sie feststellte, dass sie das, was sie jahrzehntelang für ihren Traumberuf gehalten hatte, nun nicht mehr erfüllte. Es war sogar schlimmer als das. Allein der Gedanke, Sitzungen zu geben und Menschen zu coachen, stresste sie bereits und sie litt unter diversen Symptomen. Für mich war Lisa ein typischer Fall von Stagnation innerhalb der Gravitationszone. Nach über zwanzig Jahren in diesem

Bereich war sie an einen Punkt, wo sie nur noch automatisch handelte und ihre schöpferische Genialität nicht nutzte. Ein Nebeneffekt, wenn wir unsere grenzenlosen Möglichkeiten der Selbstentfaltung nicht nutzen, können körperliche und mentale Beschwerden sein. Sie fühlte sich eingesperrt in einer Zone, in der keine neuen Dinge oder Überraschungen auf sie warteten, und das frustrierte sie nicht nur, sondern raubte ihr alle Lebensfreude.

Ich stellte Lisa die folgende Frage: »Welcher Tätigkeit würdest du nachgehen, wenn du nicht mehr aus finanziellen Gründen arbeiten müsstest, sondern es nur noch aus Spaß machen würdest?«

Lisa hielt für einen Moment inne, bis ihr Gesicht auf einmal zu strahlen begann: »Ich würde gern malen.«

Diese einfache Frage hatte sie in ihre grenzenlose Kreativität katapultiert. Nun ging es darum, einen Schritt-für-Schritt-Plan auszuarbeiten, wie sie sich jeden Tag darum bemühen konnte, das eine, was sie liebend gern machen wollte, das Malen, häufiger zu tun und das, was sie nicht mehr erfüllte, weniger.

Nach drei Monaten erhielt ich eine Mail von ihr. Darin schrieb sie, dass sie mittlerweile gar keine Sitzungen mehr gäbe, ihre Praxis in ein Atelier umgewandelt habe und sich vor Aufträgen nicht retten könne. Sie hatte eine grandiose Idee entfaltet: Ihre Bilder spiegelten den seelischen Ausdruck einer Person. Es waren spirituelle Werke, die ihre Genialität ausdrückten. Sie fühlte sich so frei und so lebendig wie nie zuvor. Alle Wehwehchen waren verschwunden, und sie hätte am liebsten Tag und Nacht im Atelier verbracht.

Das hört sich ganz nach der Infinity-Zone an. In Lisas Fall waren es zwei essenziell wichtige Strategien, die den Shift erzeugt hatten: Ihre Antwort auf die Frage »Welcher Tätigkeit würdest du nachgehen, wenn du nicht mehr aus finanziellen Gründen arbeiten müsstest, sondern es nur noch aus Spaß machen würdest?« Und tägliches Üben der Quellverbindung.

Vielleicht fragst du dich nun: Was ist, wenn ich keine schöpferische Kreativität besitze und es nicht mal schaffe, in die Nähe der Infinity-Zone zu kommen? Dass diese Bedenken in dir hochkommen, ist völlig okay. Was aber, wenn diese Frage nicht dir entspringt, sondern deiner Angst und Teilen deines Unterbewusstseins, die deinen Erfolg sabotieren wollen? Was, wenn gewisse Teile in dir einfach wie bisher weitermachen und die Anstrengung des Wandels nicht auf sich nehmen wollen? Keine Sorge: Solche Zweifel gehören dazu. Und auch dafür gibt es Tools. Schauen wir uns zunächst an, was Selbstsabotage ist.

Exkurs Selbstsabotage

Ich kann mich noch ganz genau an meinen ersten Schultag erinnern. Einen Tag vorher hatten meine Mutter und ich besonders schöne Kleidung bereitgelegt und meine Haare, die damals sehr lang und dunkelbraun waren, gewaschen. Ich hatte die ganze Nacht kaum geschlafen und war extrem aufgeregt. Anders als bei meinen zwei älteren Schwestern hatten meine Eltern beschlossen, dass ich eine deutsche Schule besuchen und mich so schneller und besser integrieren sollte. Und dann stand ich da mit vielen weiteren Kindern in meinem Schulzimmer, und als ich mich umsah, bemerkte ich ganz schnell, dass ich das einzige Mädchen war, das so dunkel war. Fast alle waren blond und hatten blaue Augen. Ich nicht. Bereits am ersten

Schultag bildete sich eine Mädchengruppe in der Klasse, und ich wurde nicht aufgenommen, ganz offensichtlich aufgrund meines exotischen Aussehens. Ich denke, an diesem Tag installierte sich eine Glaubensüberzeugung oder vielmehr ein »Glaubensgefängnis«, dass ich so, wie ich aussehe, nicht okay bin, nicht akzeptiert werde, nicht dazugehören darf und hässlich bin. Am gleichen Tag fragte ich meine Mom, ob wir meine Haare blondieren und mir blaue Kontaktlinsen kaufen könnten. Natürlich sagte sie Nein.

Wieso erzähle ich dir das? Jeder von uns hat solche oder ähnliche Situationen durchlebt, in denen wir eine Vorstellung über uns selbst installierten, die absolut nicht wahr ist. Bei mir war es die Überzeugung, hässlich zu sein. Das war auf einer unbewussten Ebene zu meiner Wahrheit geworden, einer Wahrheit, die mich im Leben noch häufig sabotieren würde. Egal, mit welchem Mann ich zusammen war und wie oft ich zu hören bekam, dass ich schön und attraktiv sei, ich schaffte es nach kürzester Zeit, den Mann zu vergraulen. Denn ein Teil von mir sagte immer wieder: Nein, er kann dich nicht schön finden. Weißt du nicht mehr, damals …« So provozierte ich jedes Mal, wenn die Beziehung intensiver und inniger werden wollte, Situationen, die meine Überzeugung, nicht schön zu sein, untermauerten. Auch wenn die Beziehung aus komplett anderen Gründen auseinanderging, für mich war klar: Er hat mich verlassen, weil ich hässlich bin. Dieses Selbstsabotageprogramm hätte mich einmal fast das Leben gekostet, denn ich fing an, mich abzuhungern und so dünn zu werden, dass ich tatsächlich nicht mehr attraktiv war. Erst nachdem ich mich mit meinem Recht auf eine erfüllende Partnerschaft angefreundet hatte und dadurch in meine Infinity-Zone einstieg, veränderte sich alles. Ich begann, meine Beziehungen und meinen Körper zu genießen.

Selbstsabotageprogramme (SP) sind eine Art Programmierfehler in unserem System. Jeder von uns hat eine gewisse innere Einstellung, die darüber bestimmt, wie viel Liebe, Erfolg, Freude und Glück er sich selbst erlaubt. Wenn wir unsere Gravitationszone verlassen, schwächen wir automatisch diese sabotierenden Einstellungen, aber dennoch können sie uns noch einfangen und blockieren. Wir müssen uns ihnen also extra zuwenden.

Vielleicht erkennst du ein paar der folgenden Überzeugungen wieder oder kannst eine Verbindung zu deinem Leben herstellen:

- »Irgendetwas ist nicht in Ordnung mit mir.« Das SP lautet: »Glück und Freude, auch wenn ich sie gerade erlebe, habe ich nicht verdient, denn etwas ist ja nicht in Ordnung mit mir.«
- »Ich kann nicht erfolgreicher, reicher, schöner, erfüllter sein als die Menschen meiner Familie, denn das wäre ein Verrat an meinen Wurzeln.« Das SP lautet: »Glück und Freude, auch wenn ich sie gerade erlebe, dürfen nicht sein, denn sonst würde ich die Verbindung zu meiner Familie verlieren. Sie würden mich verstoßen.«
- »Wenn ich erfolgreich und glücklich bin, könnte sich eine mir am Herzen liegende Person in den Schatten gestellt fühlen, wir hätten dann keine gemeinsame Basis mehr und würden uns trennen.« Das SP: »Ich darf nicht schöpferisch tätig und glücklich sein, sonst fühlt sich XY schlecht.«

Konntest du eines oder mehrere dieser Programme in dir finden? Gibt es noch weitere Glaubensüberzeugungen, die du hinzufügen möchtest? Schreib sie dir am besten in dein Tagebuch. Du kannst jederzeit zu dieser Seite zurückkehren und weitere Punkte, die sich dir im Alltag zeigen, notieren. Das ist der erste wichtige Schritt, um diese SP aufzulösen. Wir werden im Laufe unserer *Empower-Yourself*-Reise immer wieder zum Thema Glaubensüberzeugungen zurückkehren, denn sie sind ein wichtiger Teil der Weise, wie wir die Welt wahrnehmen.

Wenn wir es schaffen, die mentalen Muster, die uns einschränken, Tag für Tag, Stück für Stück zu transformieren, ist das so, als würden wir die Fenster, durch die wir die Welt wahrnehmen, putzen und zum Strahlen bringen. Die entstehende »Glasklarheit« wird uns dann helfen, das Leben und die Welt wirklich wahrzunehmen und aufzuhören, in Dramen oder in Selbstmitleid zu versinken. Wir begreifen, dass das Leben schon immer auf unserer Seite gewesen ist und immer auf unserer Seite sein wird.

Diese Erkenntnis wollen wir im nächsten Schritt vertiefen und zu einem festen Metaprogramm in unserem System machen. Ein Metaprogramm ist eine Art Software, die in deinem hauseigenen Betriebssystem aktiv ist und auf automatische und grundlegende Art dein Verhalten und dein Leben prägt. Ein von Natur aus installiertes Metaprogramm ist zum Beispiel deine Beweglichkeit trotz Gravitation und auch deine Atmung. Diese wollen wir nun gezielt nutzen, um deine energetische und mentale Flexibilität zu steigern und dein Potenzial mehr und mehr freizuschaufeln.

Identity Breath

Wir Menschen haben eine angeborene Fähigkeit, die jeder von uns mehr oder weniger intensiv nutzt. Wir sind in der Lage, gewisse innere Zustände und Gefühle zu verstärken, indem wir unseren Fokus auf sie richten. Wenn wir es allerdings gewohnt sind, in destruktiven und eingrenzenden Zuständen zu leben, wird uns genau das leichter fallen, als uns leicht und frei zu fühlen.

Johann suchte mich auf, weil er seit seiner Jugend das Gefühl hatte, von einer dunklen Wolke begleitet zu werden, die ihm jegliche Lebensfreude zu nehmen schien. Besonders belastend waren für ihn die Abendstunden vor dem Einschlafen. In diesen Zeiten überkamen ihn große Traurigkeit und Melancholie, die er nicht einordnen konnte. Während meiner energetischen Analyse stellte ich fest, dass er sich als Jugendlicher, obwohl er in eine große Gemeinschaft eingebunden lebte, sehr allein gefühlt hatte. Er konnte dies bestätigen: Er war im Internat, wo er sich sehr allein und verlassen fühlte. Es stellte sich im Gespräch auch heraus, dass er dort vor allem abends sehr traurig wurde, denn er hätte sich nichts mehr gewünscht, als eine schöne Umgebung zu haben und mit der Familie gemütlich den Tag ausklingen zu lassen.

Heute war er ein Familienvater, lebte mit seiner Frau und seinen Kindern ein eigentlich wundervolles Leben, konnte aber dennoch diese Gefühle aus der Vergangenheit nicht abstreifen. Sie stellten für ihn die Gravitationszone dar. Sie war ihm bekannt, er war es gewohnt und es fiel ihm leicht, in diesen Zustand zu gehen und die Gefühle von damals weiterhin zu nähren. Mit Sicherheit spielten da auch noch gewisse

Selbstsabotage-Programme mit hinein, die ihm einredeten, so viel Familienglück gar nicht verdient zu haben. Er hatte sich als kleiner Junge anhören müssen, dass er eine Belastung für seine alleinerziehende Mutter wäre. Er hing fest in alten Mustern – und unter anderem der Identity Breath, den du gleich kennenlernen wirst, half ihm weiter.

Vielleicht kennst du auch innere Zustände, die für dich fast natürlich geworden sind, die sich automatisch einstellen, weil du den entsprechenden Gefühlen lange Jahre ausgesetzt warst. Darum ist es wichtig, endlich zu spüren, wie anpassungsfähig und flexibel du deine inneren Zustände wechseln kannst. Wir kennen das alle von Kindern: Es ist so einfach für sie, ihren Fokus zu verändern. In einem Moment schreien sie, im nächsten Moment lachen sie wieder, und es scheint, als hätten sie den Schmerz komplett losgelassen. Es geht so schnell, dass sie ihre Zustände verändern. Für uns Erwachsene wird dies jedoch immer schwieriger. Aber wir können es trainieren und diese Fähigkeit in uns reaktivieren. Dazu dient der Identity Breath – eine Serie aus verschiedenen Atemtechniken und Power-Sätzen, die dir dabei helfen, in Speedtempo deinen Zustand zu verändern.

Identity Breath heißt so, weil die Atemtechniken eine aufweichende Wirkung auf festgefahrene Identitäten haben. Im Alltag lebst du verschiedene Identitäten, zum Beispiel die der Mutter, Schwester, Arbeitskollegin und so weiter. Wenn eine davon deine Persönlichkeit zu stark einzunehmen droht, verhärtest du energetisch, und es fällt dir immer schwerer, dich frei und auch mal anders zu fühlen. Wenn dein Beruf zu deiner Identität geworden ist, verkörperst du mit allem, was du bist und lebst, diesen Beruf. Das ist erst einmal nicht schlecht. Problematisch wird es nur, wenn du dich darin eingrenzt. Dann kannst du nicht mehr alles andere auch sein und nimmst deine schöpferische Genialität nicht an.

Du hast jeden Tag die Möglichkeit, eine neue oder andere Version von dir selbst zu sein. Für manche Menschen allerdings scheint es wichtiger, eine dominierende Identität zu besitzen, als wahre Erfüllung zu finden. Ich beobachte auch häufig, dass die Angst davor, was andere über einen denken könnten, wenn man sich verändert und mal etwas Außergewöhnliches tut, eine Blockade darstellt. Es braucht etwas Mut und auch eine gewisse gesunde Rücksichtslosigkeit, den eigenen Weg zu gehen. Interessanterweise wirst du feststellen, dass die Menschen, die dich vielleicht anfangs kritisiert hatten, später von dir inspiriert sind, auch ihren Weg zu gehen.

Karla war eine erfolgreiche Anwältin, aber dennoch unglücklich und unerfüllt. In unserer Sitzung stellte sich heraus, dass sie seit Kindheitstagen hellsichtig war. Sie hatte definitiv die Begabung, Menschen damit wertvolle Hinweise für ihr Leben zu geben. Als wir darüber sprachen, begannen ihre Augen zu leuchten. Ich fragte, was sie davon abhalten würde, Seminare und Sitzungen zu geben und sich auf diesem Gebiet fortzubilden. Sie sagte, wenn sie ihre Anwaltstätigkeit aufgeben würde, wären ja all die langen und schweren Jahre des Jura-Studiums umsonst gewesen. Damit könne sie nicht umgehen. Du erinnerst dich, von einem ähnlichen Fall hatte ich bereits geschrieben. So eine Einstellung ist häufig.

Karla verteidigte ihre Vergangenheit und ihre Entscheidung, Anwältin zu werden. Sie war noch zu stolz, als dass sie hätte sich eingestehen können, dass die Dinge sich ändern. Der Gedanke, dass all die vergangenen Mühen umsonst gewesen sein könnten, hielt sie davon ab, einem Traum nachzugehen, von dem sie fühlte und wusste, dass er sie wahrhaft erfüllen würde.

Auch mit ihr praktizierte ich den Identity Breath und gab ihr noch ein paar weitere Übungen. Es schien mir nicht sinnvoll, ihr die Bedenken auszureden. Aber ich klopfte an die Tür zu einem bislang verborgenen Teil von ihr. Diese Tür hatte sie fest verschlossen und vielleicht sogar komplett vergessen. Doch mein Klopfen zeigte Wirkung: Karla fand mit der Zeit einen Weg, beide Tätigkeiten zu verbinden und zu einem erfolgreichen Coach zu werden.

Die folgende kleine Strategie ist einer der womöglich effektivsten Wege, um sicherzustellen, dass wir mit der universellen Kreativität in Verbindung bleiben: Stell dich morgens vor den Spiegel, blick in eins deiner Augen und sprich laut: »Alles, was ich heute sein möchte, werde ich heute sein. Alles, was ich morgen sein möchte, werde ich morgen sein.« Während du dir noch immer in das Auge blickst, wendest du den Karate Chop an: Dafür formst du mit einer Hand eine Faust und klopfst in die Mitte der Handfläche der anderen Hand, immer im Wechsel. Du könntest dreimal in die eine Hand klopfen, dann dreimal in die andere Hand oder einfach ganz intuitiv. Dieser Ablauf wäre auch ein wunderbarer Einstieg in den Identity Breath, um den es jetzt genauer gehen soll.

Ist dir eigentlich bewusst, dass dein Atem zu jedem Zeitpunkt deines Lebens deinen Gemütszustand reflektiert. Mit jedem Atemmuster hast du eine andere emotionale und energetische Signatur, eine andere Identität, die permanent Signale aussendet. Der Identity Breath möchte dir helfen, flexibel und offen zu bleiben in allen Möglichkeiten, die dir das Universum gibt. Dann kannst du dich auf vielfältigste Weise selbst leben und ausdrücken und nicht zuletzt deine Empfänglichkeit für die Liebe auf ein Maximum ausdehnen. Dafür habe ich vier Systeme entwickelt (die Übung lehnt sich an eine Folge an, die ich von Sonia Chauquett gelernt habe). Zu jeder Atemübung wirst du ein paar Vorbereitungen finden, die du vorab machen kannst – für einen einfacheren Einstieg in die Technik. Sie sind aber nicht nötig.

1. Der Atem des Magiers

Vorbereitungen
Leg dich ganz entspannt auf den Rücken, am besten auf einer relativ festen Unterlage. Lass den Atem ruhig und entspannt über die Nase fließen. Versuch die Einatmung tief unten im Baum beginnen zu lassen, lass sie von dort aus weiter nach oben steigen – wie eine Welle bis in die Brust..Danach lässt du sie wieder nach unten fließen, während du vollständig ausatmest. Das ist die volle Yoga-Atmung.

Ablauf
Komm in Tadasana, die Berghaltung aus dem Yoga: Du stehst aufrecht und stabil in einem hüftbreiten Stand, der Scheitel dehnt sich in Richtung Himmel und die Arme entspannen sich neben dem Körper. Erde dich und stell dir vor, dass Wurzeln über deine Füße nach unten wachsen. Frage dich innerlich: »Wieso fällt es mir so leicht, mich zu erden und voll und ganz mit der Erde unter mir zu verbinden?«
Beginne mit der vollen Yoga-Atmung, aber dieses Mal im Stehen.

Visualisiere nun eine goldene Spirale, die am Boden entspringt und sich um deinen Körper herum nach oben wickelt. Es gibt keine Endpunkte der Spirale, weder oben noch unten. Sie dreht sich im Rhythmus deines Atems und stimuliert die Energie in deinem Körper und in deiner Aura. Die goldene Spirale ist das Symbol für eine hohe Energie-Intelligenz. Mit ihr bringst du zum Ausdruck, dass du fortan bewusster mit Energie umgehen wirst.

Powersätze
Verweile für maximal drei Minuten im beschriebenen Atemmuster und sprich zum Schluss folgende Powersätze, um den inneren Zustand des Magiers zu versiegeln:

- Alles ist Energie.
- Alles ist Spiel.
- Alles ist in Bewegung.
- Ich handle energie-intelligent.

Insiderwissen

Magie hat für mich eine komplett andere Bedeutung als für viele andere Menschen. Magie ist aus meiner Sicht die innere Bereitschaft, Schönheit, Freude, Leichtigkeit und das Spielerische in allen Aspekten des Lebens zu sehen und zu leben. Vergessen oder verlernen wir unsere Magie, wird das Leben düster, langweilig und leblos. Leider ist in unserer Gegenwart sehr vieles darauf ausgerichtet, jede Form von Magie zu zerstören. Oft wird sie zudem mit Naivität und Leichtsinn gleichgesetzt. Doch ein Mensch, der den inneren Magier von Tag zu Tag mehr in sein Leben integriert, ist besonders energie-intelligent. Er weiß und spürt, wie er mit Energie umzugehen und sie einzusetzen hat, um immer mehr Leichtigkeit, Schönheit und Freude in sein Leben einzuladen. Die goldene Spirale hat zum einen eine aktivierende Wirkung auf unsere Zirbeldrüse, die den inneren Kritiker entspannt. Gleichzeitig symbolisiert sie die Bewegung, die als ewiges Prinzip hinter jeder Entwicklung steht und wirkt.

2. Der Atem der Königin

Vorbereitungen
Wir beginnen mit dem energetischen Aufladen der Hände im Stehen: Komm in eine aufrechte Stehposition, die Arme hängen entspannt neben dem Körper, die Handinnenflächen zeigen nach vorn. Stell dir vor, dass es jeweils in der Mitte deiner Hände Lichtpunkte gibt, wie eine Art Sonne. Erlaube dir zu sehen, wie diese Punkte zu leuchten und zu glühen beginnen und wie sich ihre Energie in deinem Körper und in deiner Aura verteilt.

Ablauf
Während du fest und stabil in Tadasana stehst, bringst du deine Arme angewinkelt neben den Körper. Lass die Handinnenflächen nach oben zeigen.

Atme tief über die Nase ein und führe die Hände auf Brusthöhe. Stoße die Luft in drei Zügen über den Mund nach außen, während sich deine Hände nach unten drehen und du sie im

Rhythmus der Ausatmung in Richtung Erde bewegst. Beim Einatmen gehen sie wieder nach oben.

Powersätze
- Ich bin machtvoll.
- Ich bin entscheidungsfreudig.
- Ich trage die Verantwortung für mich.

Insiderwissen

Wenn wir die Haltung einer Königin oder eines Königs einnehmen, geht es darum, dass wir bewusst fühlen, dass wir die Erschaffer unserer Realität sind und die volle Verantwortung für unser Leben tragen. Viele Dinge passieren komplett unbewusst, vor allem dann, wenn wir diese Macht, unser Leben bewusst zu erschaffen, nicht nutzen. Diese Atemtechnik kann dir dabei helfen, mehr Fokus, Struktur und Bewusstsein in alle Bereiche deines Lebens zu bringen, um immer mehr klare und zielführende Entscheidungen zu treffen, Grenzen zu setzen und deine Energie auf das zu kanalisieren, was dir wichtig ist.

Viele schrecken vor dem Wort »machtvoll« zurück. Doch Macht zu besitzen und sie bewusst zu nutzen ist uns allen angeboren. Ein Mensch, der sich persönlich und spirituell stetig weiterentwickelt, wird mithilfe bewusst eingesetzter Macht viel bewegen und verändern können. Deine Macht so zu nutzen, hilft dir auch, in der Welt Dinge zu manifestieren, die heilsam sind.

3. Der Atem des Kriegers

Vorbereitungen
Auch wenn das jetzt komisch klingen mag: Putz dir die Nase, sodass beide Nasenlöcher möglichst frei sind. Du wirst merken, wieso das wichtig ist, wenn du die Atemtechnik anwendest.

Ablauf
Du stehst weiterhin in der aufrechten Haltung des Berges. Nun beginne in einem moderaten Tempo, stoßweise über die Nase aus- und einzuatmen. Das wird sich am Anfang nicht natürlich anfühlen, aber bleib dabei und versuche, so stark du kannst aus- und so stark du kannst einzuatmen. Erhöhe das Tempo, wenn du dich dabei gut fühlst.

Wenn du möchtest, bringst du mit der Einatmung die Arme in eine Kaktusposition: Arme anheben bis auf Schulterhöhe, anwinkeln und die Handinnenflächen nach vorn ausrichten. Beim Ausatmen ballst du beide Hände zu Fäusten und ziehst sie zu deinen Hüften, während die Ellenbogen ganz automatisch nach hinten ziehen. Die Bewegungen passen sich deinem Atem an, und du erhöhst das Tempo so weit, wie es für dich angenehm ist.

Wenn die Bewegung klappt, rezitierst du dabei innerlich das Mantra »Pong Youp«. Einatmen mit »Pong«, Ausatmen mit »Youp«. Bleib dabei für ein bis drei Minuten. Wenn du danach wieder zur natürlichen Atmung zurückgekehrt bist, sprich laut oder innerlich folgende Powersätze.

Powersätze

- Ich bin mutig.
- Ich bin bereit.
- Ich weiß, wofür ich lebe.
- Ich bin hier für das Gute.

Insiderwissen

Die »Pong Youp«-Atmung oder der Kriegeratem ist auf einen thailändischen Mönch zurückzuführen. Todkrank und am Ende seiner Kräfte beschloss er, in den Wald zu ziehen und sich in der Wildnis seinem sicheren Tod hinzugeben. Er starb aber nicht. Stattdessen wurde er von der Erscheinung einer höheren Intelligenz aufgefordert, ins Leben zurückzukehren und eine ganz bestimmte Atemtechnik mit den Menschen zu teilen. Als Erstes würde er von seinen Krankheiten geheilt werden, und im nächsten Schritt wäre es seine Aufgabe, diese Heilung allen Menschen zuteilwerden zu lassen. Das war die Geburtsstunde von Pong Youp.

Seitdem praktizieren Tausende von Menschen weltweit Pong Youp. Charn Chanou, so hieß der Mönch, gründete ein Kloster, in dem Pilger aufgenommen und in der Technik des Pong Youp unterrichtet werden. Viele Menschen kommen seither dorthin, weil sie nach Heilung suchen. Denn Pong Youp scheint ein Wundermittel dafür zu sein, blockierende Muster und negatives Karma innerhalb kürzester Zeit zu löschen und enorme Heileffekte auszulösen. Ich erfuhr von Pong Youp das erste Mal durch Roy Martina, der wiederum die Technik direkt von Charn Chanou erlernt hat und nun weltweit weitergibt, so auch an mich.

Dieser Atem gehört zum Weg des friedvollen Kriegers. Es geht nicht darum, gegen jemanden oder etwas in den Krieg zu ziehen, sondern eine innere friedvolle Haltung einzunehmen, die Mut und die innere Bereitschaft zu Veränderung beinhaltet. Der friedvolle Krieger glaubt daran, dass eine friedliche Lösung für alle Konflikte möglich ist. Er lebt für den Traum von einer Welt, wo weder innere noch äußere Konflikte existieren.

Diese Haltung kann dir dabei helfen, die mutigste und kraftvollste Version von dir selbst zu sein, wenn es darum geht, deinen Weg zu gehen und deine Wahrheit zu sprechen. Denn eins wirst du früher oder später ganz sicher zu spüren bekommen: Gegenwind. Er kann sich in Form von Menschen zeigen, die dich bremsen wollen und nicht an dich glauben. Oder es entstehen Gegenkräfte, die Situationen voller Stolpersteine auslösen. Von Zeit zu Zeit kann es passieren, dass du denkst, den falschen Weg eingeschlagen zu haben. Oder du willst aufgeben. Aber öffne dich mal für einen Moment für die Möglichkeit, dass das Universum dich einfach testen will, um herauszufinden, wie ernst es dir um deinen Weg ist. Bei diesem Test wird dein innerer Krieger dich unterstützen.

4. Atem der Liebenden

Vorbereitungen

Bevor du beginnst, möchte ich dir die Bewegungen dieser Übung erklären: Wir beginnen den Atem der Liebenden, indem wir die Hände ineinander verschränkt in der Mitte der Brust ablegen. Dabei dürfen sich die Ellenbogen ganz natürlich nach außen öffnen. Nun führe deine verschränkten Hände weiter nach oben über und hinter den Kopf zum untersten Rand des Schädels. Die Ellenbogen öffnen sich nach außen, während der Kopf in der Mitte aufrecht bleibt. Achte darauf, dass du mit den Händen keinen Druck auf den Kopf ausübst. Die Hände bleiben die ganze Zeit über ineinander verschränkt.

Ablauf

Du kannst diese Atmung im Sitzen oder im Stehen praktizieren. Wenn du dich für das Sitzen entscheidest, achte darauf, dass du aufrecht sitzt. Platziere deine Hände verschränkt wie beschrieben vor der Brust und hebe sie mit der Einatmung nach oben und hinter deinen Kopf. Zähle dabei innerlich bis fünf. Sobald die Hände hinten angekommen sind, führst du sie wieder zurück zur Brustmitte, während du im Fünf-Sekunden-Takt ausatmest. Du wirst merken, dass du deine Atmung dadurch etwas entschleunigst. Atme so für sechs bis neun Runden. Dann dürfen die Hände entweder in der Mitte der Brust ruhen oder du platzierst sie ganz entspannt auf deinen Oberschenkeln.

Nun stell dir vor, dass eine Miniatur von dir in einen Aufzug einsteigt, der sich genau in der Mitte deines Kopfes befindet. Dieser Lift fährt gemeinsam mit dir nach unten, direkt in dein Herz. Während du deinen Fokus auf den Herzraum gerichtet hältst, sprichst du folgende Affirmationen:

Powersätze

- Ich bin geliebt.
- Ich liebe.
- Ich bin liebenswert.
- Liebe ist überall.

Insiderwissen

Das HeartMath Institute in Colorado hat schon viele Male den Zusammenhang zwischen Wohlbefinden und einer gesunden und intakten Herzverbindung nachweisen können. Wenn alle Ebenen unseres Seins mit der Herzenergie im Einklang sind, gelangen wir in einen Zustand der Herzkohärenz, der maßgeblich für viele Funktionen und Systeme des Organismus ist. Zudem hat man feststellen können, dass nicht nur das Gehirn Signale an das Herz sendet, sondern auch das Herz Signale ans Gehirn. Es wurden Nervenzellen im Herzen ausfindig gemacht, was bedeutet, dass die Vorstellung einer Einbahn-Kommunikation Kopf zu Herz nicht stimmt. Das Herz sendet elektrische Signale an das Gehirn, die im Stammhirn ankommen. Das ist auch der Grund, warum wir bei der Atemtechnik der Liebenden die Hände vom Herzraum an den Kopf führen. So verstärken wir auf einer bewussten Ebene die Herz-Kopf-Verbindung. Fakt ist nämlich, dass das Herz eine große elektromagnetische Ausstrahlung hat, um ein Vielfaches weiter und stärker als die vom Gehirn. Die Herzintelligenz ist also weitaus größer und machtvoller als die Kopfintelligenz. Leider führen die meisten Menschen ein kopforientiertes Leben, dabei wäre unser Herz wesentlich weiser.

Das HeartMath Institute konnte bei einem Fünf-Sekunden-Atemrhythmus feststellen, dass die Herzkohärenz, die sich mit Messgeräten erfassen lässt, deutlich steigt. Das ist auch der Grund, wieso wir in diesem Takt atmen. Und durch die stärkere Verbindung zum Herzen steigt auch gleichzeitig die Verbindung zur inneren Weisheit.

Zur täglichen Anwendung des Identity Breath

Ich könnte dir Dutzende von Berichten wiedergeben, die wir von Menschen erhalten haben, die Identity Breath praktizieren. Allein durch die tägliche Praxis dieser vier Atemübungen konnten bereits Wunderheilungen geschehen. Wir erhalten immer wieder Feedbacks von Menschen, die schon nach fünf Tagen unglaubliche Veränderungen in ihrem Hautbild, ihrer Verdauung und ihrer Lebensenergie feststellen konnten. Ganze Familien praktizieren als Morgenritual Identity Breath, und alle spüren, wie sie entspannter und fokussierter durch den Tag gehen.

Es gibt auch die Möglichkeit, Identity Breath nach Bedarf anzuwenden. Zum Beispiel hast du an einem Abend vielleicht ein bedeutsames Date. Du könntest dann vor diesem Treffen die Atmung der Liebenden praktizieren, um deine Energie bewusst für alles Gute und Liebevolle zu öffnen, das entstehen mag. Oder du hast ein wichtiges Meeting, das von dir Mut und Direktheit einfordert. Dann wäre es sinnvoll, den Tag mit dem Kriegeratem zu beginnen, um dein Selbstbewusstsein zu stärken.

Ich würde dir empfehlen, alle vier Atemtools täglich einzusetzen und pro Atemübung maximal drei Minuten zu investieren. Das sind dann insgesamt zwölf Minuten, die deine energetische und emotionale Flexibilität steigern und dein System immer wieder auf einen unendlichen Zustrom von Ressourcen und Schöpferkraft programmieren.

Die Ebene des Herzens: Im Fluss der Emotionen

Die Sonne ging langsam auf, und die warmen und noch sanft leuchtenden Strahlen fielen auf meine Haut und schienen durch meine geschlossenen Augenlider. Ich spürte den angenehm kühlen Wind und roch das Meer und den Sand der wundervollen maledivischen Insel, auf der ich hier saß. Es gab wahrscheinlich Tausende von Menschen, die alles dafür gegeben hätten, um an meiner Stelle zu sein, hier an diesem atemberaubenden Fleckchen Erde. Doch ich fühlte mich schlichtweg leer und innerlich abgestorben. Ich saß auf einem weichen Meditationskissen, und trotzdem bereitete mir das Sitzen Schmerzen, denn ich hatte kaum noch Fleisch am Körper, nachdem ich das Essen immer mehr verweigert hatte. Mein Herz, der Pulsschlag des Lebens und der Lebendigkeit in mir, dieser Beat war kaum noch hörbar für mich. Dabei war ich doch diejenige, die Menschen darin begleitete, ihre Lebensfreude zu finden.

Ich war an einem Punkt in meinem Leben, wo ich äußerlich betrachtet alles hatte, was ein Mensch sich wünschen kann. Aber innerlich breitete sich mehr und mehr eine Wüste aus. Ich wusste an diesem Morgen, dass ich so nicht mehr leben wollte und dass ich etwas ändern musste. Das tat ich auch: Ich trennte mich von diesem Leben und fing von vorn an.

Ich hatte mich im Trubel und der Geschäftigkeit selbst vergessen, mein Weg und meine Aufgabe schienen weit weg. Mir war an diesem Morgen klargeworden, dass ich hinter einer Vorstellung von einem Leben hergelaufen war, das ich mir in Wahrheit nicht gewünscht hatte. Doch ich dachte, dass es von mir erwartet würde. Und so hatte ich mich selbst betrogen – und das sollte nun ein Ende haben.

Dieser Punkt in meiner Biografie ließ mich wahrhaft spüren, wieso ich seit Anbeginn meines Lebens Menschen helfen will und worin ich sie begleiten will. Es ging nicht nur darum, Yoga und Meditation zu unterrichten. Ich wollte ihnen tiefe, transformierende Erfahrungen schenken, die sie dazu bewegen konnten, alte Muster zu verlassen. Ich will ihnen helfen, den Mut zu finden, ihren eigenen Weg zu gehen, egal wie die Umstände aussehen.

Ich kann nicht genau sagen, woher ich den Mut fand, dieses alte, oberflächlich gesehen perfekte Leben zu verlassen. Ich weiß nur, dass ich spürte, dass das Leben mich verließ, wenn ich einfach weitermachen würde. Und ich wollte wieder richtig da sein und das Beste aus allem machen. Das hieß, ich musste Zelte abbrechen, meinen Stolz aufgeben und mir eingestehen, dass ich einen falschen Weg eingeschlagen hatte. Ich glaube, das war das Schwerste von allem. Mir selbst einzugestehen, dass ich mich in eine Sackgasse manövriert hatte, tat am Anfang weh. Heute weiß ich jedoch, dass dieser Tiefpunkt in meinem Leben und all die Dinge, die dorthin geführt hatten, wichtig und nötig waren, damit ich meine wahren Talente und Gaben entdecken und in die Welt bringen konnte.

Meine Geschichte, die ich hier mit dir teile, reflektiert genau den Zustand, in dem sich viele Menschen unserer Zeit befinden. Es gibt einige klar benennbare Aspekte für jeden, der sich so erfährt:

1. Innere Leblosigkeit

Wenn wir uns jahrelang darauf konditionieren, gewisse Gefühle und Emotionen zu unterdrücken, einen Deckel darüber zu halten, führt das zwangsläufig dazu, dass wir auch den Fluss von Lebensenergie in uns blockieren und innerlich mehr und mehr verkümmern. Denn Emotionen sind ein Lebensspeicher, ein Ausdruck von Lebensenergie, die in Bewegung sein will. Unterdrücken wir sie, blockieren wir gleichzeitig den Fluss von Energie in uns. Das kann langfristig gesehen gravierende Auswirkungen auf unseren Gemütszustand und unsere Gesundheit haben. In meinem Fall begann ich im wahrsten Sinne des Wortes auszutrocknen und mein Lebenselixier zu verlieren, was sich in Form von Haarausfall, trockener Haut und Gewichtsverlust zeigte. Je nach Persönlichkeit und Lebenssituation kann dies auch andere Formen annehmen: Gewichtszunahme zum Beispiel oder den unbewussten Umgang mit Genuss- und Suchtmitteln. All das kann anzeigen, dass wir innerlich auf der Suche nach mehr Lebendigkeit sind.

2. Emotionale Gifte

Hast du schon einmal daran gedacht, dass es möglich ist, sich mit unterdrückten Emotionen innerlich zu vergiften? Das kann in der Tat passieren, und die meisten Menschen sind wirklich in einem vergifteten und auch übersäuerten Zustand, der unter anderem aufgrund von unterdrückten Emotionen herrührt. So wie ich das über die Jahre hinweg in meiner Arbeit beobachten konnte, ist einer der wichtigsten Gründe für Übersäuerung eine emotionale Toxizität. Gefühle, die man immer wieder in sich hineinfrisst, lagern sich ab und werden sozusagen faulig. Sie beginnen zu stinken und sind irgendwann pures Gift für den Körper.

Während ich diese Zeilen schreibe, sitze ich in einem alten italienischen Kloster in Umbrien. Heute durfte ich ein sehr inspirierendes Gespräch mit einem Eremiten führen, und ich fragte ihn, was das Geheimnis für sein jugendliches Aussehen (er ist fast siebzig) und seine Vitalität ist. Er sagte, er bereut nichts im Leben. Für ihn waren sowohl die guten als auch die schlechten Tage in seinem Leben ein Geschenk des Himmels, und er möchte nichts von all dem missen. Diese innere Haltung gegenüber dem Leben kann sehr erfolgreich verhindern, dass emotionale Toxizität im System entsteht. Denn man lebt damit ein Leben im Frieden mit sich selbst und allem, was einem passiert.

3. Antriebs- und Bewegungslosigkeit: Resignation

Es gibt Menschen, die auf die Worte »Motivation« und »Entwicklung« fast schon allergisch reagieren. Dabei wünschen sie sich nichts mehr als Weiterentwicklung. Sie sind aber nicht in der Lage, gegen den Strom von Ängsten und Befürchtungen anzukommen, der in ihnen mächtig ist. Sie haben aufgegeben. Meistens liegt es nicht an den Rückschlägen, sondern daran, dass sie es nicht schaffen konnten, sich mental und emotional von diesen Rückschlägen zu erholen. Viele Menschen, die heute High-Performances leisten und als erfolgreich eingestuft werden, haben immer wieder Rückschläge im Leben erlitten. Aber sie gaben nie auf, sie standen immer wieder auf und machten weiter. Ihre emotionale Signatur war so sehr auf ein Ziel oder eine Vision ausgerichtet, dass sie nichts hätte aufhalten können.

Eines der ersten Dinge, die ich als kleines Mädchen zu meiner Großmutter sagte, war, dass ich die Antwort finden werde auf alle Fragen, die Menschen haben. Das war meine Vision, und obwohl ich sie zum Teil vergessen hatte, habe ich sie bis heute nicht aufgegeben. Diese Vision treibt mich an und hält meinen Lebensstrom am Laufen.

Es kann sein, dass du Einflüsse von diesen drei Punkten in deinem emotionalen Zustand wiedererkennst. Manchmal kann es hilfreich sein, die Dinge, die aktiv sind, einfach so zu nehmen, wie sie sind. Dann hörst du auf, heile Welt zu spielen, weil du im Inneren ganz genau weißt, dass du eine emotionale Aufräumaktion brauchst. Und genau die wollen wir in diesem Kapitel unserer *Empower-Yourself*-Reise tun und dein Level an

Lebendigkeit und emotionaler Balance ordentlich erhöhen. Wie kannst du es schaffen, jeden Tag in Bewegung und im Wandel zu bleiben? Mit einfachen Tools und Techniken kannst du harte emotionale Strukturen, schwere Situationen und Schmerz verlassen. Bist du bereit?

Deine emotionale Signatur

Was wir denken, erschafft unsere Realität. Ich bin mir sicher, dass du diesen Ausspruch so oder so ähnlich schon mal gelesen hast. Aber wie sieht es eigentlich mit den Gefühlen aus, die wir in uns tragen, die wir zum Teil unterdrücken und zum Teil ausleben? Könnte es nicht sein, dass auch diese Gefühle wie ein Filter wirken und unsere Wahrnehmung der Welt verändern?

John, ein erfolgreicher Mentaltrainer und Coach, suchte mich auf, weil er trotz aller Versuche, seinen Geist auf Positivität zu programmieren, in ein emotionales Tief gerutscht war und da wieder herauswollte. Seine Arbeit beruhte darauf, mentale Blockaden aufzulösen, und er war der Meinung, dass er dies erfolgreich an sich selbst angewandt hatte. Was war jedoch mit seinen Gefühlen geschehen, während der Geist umprogrammiert wurde? Wir bestehen nun mal aus einem geistigen und gedanklichen sowie einem emotionalen System. Beide beeinflussen sich enorm stark, und wenn wir uns wirklich auf den Weg zu unserer wahren Stärke machen, müssen wir die Zusammenhänge gut verstehen. Im Fall von John hatte das jahrelange Training seines Geistes eine Unterdrückung seiner Emotionen zur Folge.

Was ist eigentlich zuerst da – Gedanke oder Gefühl? Dafür musst du nur beobachten, wie du bei einer angenehmen oder unangenehmen Situation geistig und emotional reagierst. Das Gefühl ist aus meiner Erfahrung meist zuerst da, es stellt eine reflexartige Reaktion auf eine Energie im Außen dar. Der Kopf versucht dann im nächsten Schritt, das, was gerade emotional und energetisch geschehen ist, zu verstehen. Dann werden im Geist Schubladen aufgezogen, die zum Beispiel mit Wut, Freude, Aggressivität und so weiter etikettiert sind, und das, was empfunden wurde, wird dort einsortiert.

Doch zurück zu John. Sein emotional unausgeglichener Zustand hatte bereits deutliche Signale gesendet. Seine Beziehung ging sehr unsanft zu Ende, sein Asthma, das ihm eigentlich zuletzt vor zwanzig Jahren Beschwerden bereitet hatte, war zurückgekehrt, und er litt unter diversen Angstzuständen und Panikattacken. Wenn wir emotional vergiftet sind, sind es unsere Beziehungen, die als Erstes darunter leiden. Denn wir schaffen es dann nicht mehr, den ungehinderten Fluss von Liebe zuzulassen. Stattdessen fließt unsere Liebe verfärbt von unseren toxischen Emotionen zum anderen. Wenn wir uns in einer emotionalen Krise befinden, wird unser Immunsystem extrem stark angegriffen, der Säure-Basen-Haushalt im Körper wird gestört und eventuelle Veranlagungen für Erkrankungen können sich zeigen. Wenn wir ständig wie ein Fass kurz vor dem Überlaufen leben, können geringste Unebenheiten im Außen den Tropfen hineingeben, der es dann tatsächlich zum Überlaufen bringt. Dann entstehen beispielsweise Panikattacken und Angstzustände.

Bereits in den ersten Momenten meiner Begegnung mit John wusste ich, dass wir an seiner emotionalen Signatur arbeiten sollten. Denn ist diese einmal geklärt, kann er im Alltag weiter trainieren, um kontinuierlich die Emotionen auszugleichen. Bevor wir uns das praktisch anschauen, sollten wir uns den Unterschied zwischen Emotionen und Gefühlen klarmachen.

Insiderwissen

Emotionen werden in der Forschung sehr kontrovers diskutiert. Der Begriff kommt vom Lateinischen *emovere*, was »herausbewegen«, »hinaustreiben« bedeutet. Oft werden »Gefühl« und »Emotion« gleichbedeutend genutzt. Doch wir können einen Unterschied ausmachen. Wir könnten sagen, dass das Gefühl eine subjektive Wahrnehmung der Emotionen ist, die eher unbewusst sind. Ich vergleiche das Gefühl, das für uns bewusst abrufbar ist, mit der Spitze des Eisberges. Darunter liegen all die Emotionen, die zum größten Teil unbewusst sind. Ich nutze hier ganz bewusst den Begriff der Emotionen, denn sie sind auch der Speicher der Lebensenergie, während das Gefühl nur eine bewusst wahrnehmbare Oberfläche des emotionalen Zustandes darstellt.

Um die emotionale Signatur genauer zu verstehen, bietet sich ein Ausflug in die Lehre der Aura, des elektromagnetischen Resonanzfeldes an. Du bist ein Sender von Emotionen und Energien, und das vierundzwanzig Stunden am Tag. Sogar wenn du schläfst, kommunizierst du mit deiner Außenwelt über die Signale, die permanent von deinem System abgestrahlt werden. Basierend auf Signalstärke und Signalqualität erhältst du eine Antwort. Diese Antwort kannst du sehen, wenn du dein Leben betrachtest: deine Wohnung, deine Arbeit, die Menschen in deinem Umfeld, deinen Körper und so weiter. Alles, was du im Außen siehst, ist ein Resultat deiner emotionalen und energetischen Abstrahlung. Wenn wir nun beginnen, deine emotionale Signatur zu verändern, verändern wir im Grunde alles. Denn die emotionale Signatur ist die Menge aller energetischen und emotionalen Signale, die du bewusst und unbewusst aussendest.

Viele Menschen laufen mit einem unsichtbaren Schild herum. Darauf steht geschrieben: »Bitte zeig mir, dass ich wichtig bin.« Im Kleingedruckten kann man dann noch weiterlesen: »Denn meine Eltern haben mir nicht genügend Liebe geschenkt, und ich versuche heute immer noch, diese fehlende Anerkennung und Zuwendung zu kompensieren.« Dieses Schild zeigt die dominante Signalqualität. Die Größe des Schildes hängt von der Signalstärke ab. Je nachdem wie alt oder jung das Bedürfnis ist, ist das Schild größer oder kleiner. Viele schleppen ein Schild mit sich herum, das ihre eigene Körpergröße weit übersteigt. Und du siehst bereits, wo das hinführt: Wir verlassen mit diesem Schild unsere Zone der Kraft und schrumpfen hinter unseren ungelösten Emotionen. Wenn unsere Umwelt das Geschriebene nicht liest und unsere unausgesprochenen Bedürfnisse nicht befriedigt, werden wir wütend. Es ist eine Art energetische Umweltverschmutzung, die dabei passiert, denn diese negativ geladenen Wellen strömen nach außen, und alle Begegnungen mit anderen werden nicht von der Energie der Liebe und des Mitgefühls getragen, sondern von diesem Mangel und dem Verlangen nach Befriedigung. Das heißt nicht, dass wir mit so einem Muster »böse« sind. Nein. Jeder Mensch ist in seinem Kern ein liebevolles Wesen. Aber der Strom der Liebe wird von dem unsichtbaren Schild gestört.

Lass uns noch einen Schritt weitergehen. In Wahrheit stehen auf unserem unsichtbaren Schild Dutzende von unerledigten inneren Themen und toxischen Emotionen. Unser Beispiel repräsentiert ganz deutlich die toxische Emotion von »unbedeutend« oder »niedriger Selbstwert«. Nun stellt sich die Frage, welche andere Emotion diese Toxizität ausgleichen könnte. Wie wäre es mit »bedeutungsvoll« oder »Selbstwert« oder »Selbstliebe«? Die Emotionen mit einem solchen Ausgleichscharakter sind unsere Ressourcen.

Aber hat denn ein Mensch, der sich unbedeutend fühlt, die Ressource »bedeutsam« überhaupt in sich? Kann er sich damit verbinden? Ja, denn wir alle haben einen Draht zu einem unendlichen Quellfeld, das jegliche Energien und Informationen beinhaltet – es ist die Quellverbindung (siehe Seite 78). Genau diese werden wir jetzt nutzen, um deine emotionale Signatur zu verändern. Das heißt, wir erhöhen die Qualität deiner Signale und die Stärke.

Challenge No. 9: Emotionale Signatur – Signalqualität und Signalstärke erhöhen

Bitte halte dein Notizbuch und einen Stift parat. Such dir einen ruhigen Ort und nimm dir ein wenig Zeit für diese Übung.

1. Verbinde dich mit der Quellenergie

Nimm ein paar tiefe Atemzüge. Roll die Augen nach oben und sprich dreimal das Kommando: »Ich gebe all meinen Bewusstseinsteilen das Kommando, in den Gammazustand zu gehen.«

Lass die goldene Quellenergie in deinen Körper fließen und sprich insgesamt dreimal: »Ich verbinde mich jetzt mit der unendlichen Quellenergie und lade meine schöpferische Genialität in mein Leben ein. Ich öffne mich nun dafür, toxische Emotionen in mir zu identifizieren und mich für meine Ressourcen zu entscheiden.«

2. Testverfahren für toxische Emotionen

Während deine Augen geschlossen und leicht nach oben gerollt bleiben, stellst du innerlich folgende Frage: »Wie viele toxische Emotionen dominieren meine emotionale Signatur im Moment?« Nun wird vor deinem inneren Auge eine Zahl erscheinen. Oder du wirst einfach wissen oder fühlen, dass es beispielsweise zwölf toxische Emotionen sind. Notiere dir diese Zahl.

Die Liste unten zeigt dir sechzig toxische Emotionen und die zugehörigen Ressourcen. Je nachdem, wie hoch die ausgetestete Anzahl von toxischen Emotionen ist, gehst du nun folgendermaßen weiter: Sagen wir mal, dass du die Zahl sechs ausgetestet hast, was bedeutet, dass deine emotionale Signatur momentan von sechs toxischen Emotionen dominiert wird. Nun geht es darum herauszufinden, welche das sind. Du schließt wieder deine Augen, rollst sie nach oben und stellst dir innerlich die Frage: »Was ist die erste toxische Emotion?« Du wirst auch hier innerhalb von Sekunden sehen, fühlen oder wissen, welche Nummer die toxische Emotion hat. Schreib dir das auf und such dir aus der Liste die Emotion und die Ressource dazu. In diesem Stil fährst du fort, bis du alle zusammen hast.

1.	ungeliebt	geliebt, geschätzt
2.	verzweifelt	hoffnungsvoll
3.	unsicher	sicher
4.	verwundbar	stark
5.	voller Bedauern	zufrieden, dankbar
6.	kummervoll	voller Trost
7.	sorgenvoll	voller Freude
8.	traurig	fröhlich
9.	verwirrt	klar
10.	grübelnd, zu viel denkend	gelassen, ruhig
11.	nervös	friedlich
12.	hoffnungslos	zuversichtlich
13.	hilflos	selbstsicher
14.	sich selbst miss-achtend	voller Selbstachtung
15.	sich selbst verurteilend	voller Selbstvertrauen
16.	wütend	friedlich
17.	verletzt	geheilt
18.	unschlüssig	entschlossen
19.	voller Groll	voller Mitgefühl
20.	bereuend	vergebungsvoll
21.	frustriert	gelassen
22.	angstvoll	mutig
23.	panisch	furchtlos
24.	kontrollsüchtig	voller Vertrauen

25.	machtlos	stark
26.	eifersüchtig	voller Selbstvertrauen
27.	egoistisch	hingebungsvoll, demütig
28.	wertlos	wertvoll
29.	überwältigt	zentriert
30.	lethargisch	beschwingt
31.	überlastet	entspannt
32.	eingefroren	euphorisch
33.	überreizt	ausgeglichen
34.	unmotiviert	motiviert
35.	nostalgisch	getragen von Visionen
36.	unter Zwang	frei
37.	betrogen	im Vertrauen
38.	verlassen	geliebt
39.	verloren	entschlossen, fokussiert
40.	enttäuscht	ermutigt
41.	versagend	erfolgreich
42.	zurückgewiesen	angenommen
43.	sich selbst miss-brauchend	voller Selbstakzeptanz
44.	verteidigend	sicher
45.	stur	flexibel
46.	voller Mitleid	zentriert
47.	kritisch	friedvoll
48.	bitter	gelassen, zufrieden
49.	voller Hass	voller Liebe
50.	unversöhnlich	vergebungsvoll

51.	vorwurfsvoll	anerkennend
52.	schwach	mutig
53.	verärgert	dankbar
54.	voller Scham	voller Selbstachtung
55.	schockiert	in Ruhe
56.	erniedrigt	verehrt
57.	voller Sehnsucht und Verlangen	erfüllt
58.	blockiert	im Fluss des Lebens
59.	sich selbst sabotierend	offen
60.	leidenschaftslos	voller Leidenschaft

3. Die toxischen Emotionen loslassen

Setz dich nun bequem und aufrecht hin und heb deine linke Hand vor das Gesicht, sodass du direkt in die Handfläche blickst. Stell dir vor, dass deine Hand ein Spiegel ist und dir darin gezeigt wird, wie du als Mensch mit diesen toxischen Emotionen aussehen und leben würdest, wenn du diese behältst. Sieh dich selbst als die Version von dir, die sich tagein, tagaus mit diesen Emotionen vergiftet. Sieh auch, wie verschiedene Bereiche deines Lebens kontaminiert werden.

Zähle nun alle toxischen Emotionen laut auf, die du für dich ausgetestet hast. Dafür kannst du gern in deine Notizen schauen. Schließ danach die Augen und entspann die linke Hand. Spricht nun laut Folgendes insgesamt dreimal aus: »Ich akzeptiere all diese toxischen Emotionen auf der tiefsten Ebene und mit all meinen Teilen und wähle jetzt, sie loszulassen.« Stell dir vor, dass du einen roten Tennisball in der linken Hand hältst. Er repräsentiert die Ansammlung aller toxischen Emotionen in deinem System. Spür den Ball in deiner linken Hand, die Struktur, die Härte – und dann stell dir vor, dass du deine Hand öffnest und den Ball einfach zu Boden fallen lässt. Er entgleitet dir, weil du dich dafür entscheidest, den Griff zu lösen.

4. Die Ressourcen aktivieren

Nun öffne deine Augen und blick auf deine Ressourcen. Bring nun die rechte Hand vor dein Gesicht und blicke in deine Handfläche hinein: Dieser Spiegel zeigt dir die Version von dir selbst, die im Einklang mit ihren Ressourcen lebt. Du siehst dich selbst, wie du strahlst oder lächelst, dich frei und glücklich fühlst. Du siehst, dass du dich nach emotionalen Situationen viel schneller ausgleichst und deine Mitte wiederfindest. Verbinde dich mehr und mehr mit dieser Version und lass die rechte Hand dann sinken.

Lies nun laut deine Ressourcen vor, die du notiert hattest, und schließ die Augen. Sprich laut dreimal folgenden Satz: »Ich wähle jetzt diese Ressourcen auf der tiefsten Ebene meines Seins und in all meinen Teilen.« Und nun stell dir vor, dass in der Mitte deiner rechten Hand eine wundervolle Blume oder ein funkelnder Stein entsteht. Vielleicht erscheint dir auch spontan ein anderes Bild, das in dir positive Gefühle wie Dankbarkeit und Hingabe auslöst.

Nun führe den ersten Power-Move durch, indem du mit der rechten Hand eine Faust formst und zur Brustmitte führst, die linke Hand umfasst die rechte. Spür, wie in deinem Herzen die Gegensätze toxische Emotionen und Ressourcen verschmelzen. Denn beides gehört zum Leben. Du triffst heute jedoch eine bewusste Entscheidung. Sprich Folgendes laut dreimal laut aus:

»Ich entscheide mich für eine emotionale Signatur, die von Liebe, Freude, Leichtigkeit und Power dominiert wird. (Du kannst weitere Ressourcen ergänzen, die für dich wichtig sind.) Ich integriere, integriere, integriere diese emotionale Signatur auf der tiefsten Ebene meines Seins und in all meinen Teilen. Jetzt.«

Verweile noch ein wenig in der Stille und im Power-Move. Spür nach, wie sich die Qualitäten von Liebe, Frieden und Freude in deinem gesamten Körper bis in die Aura hinein ausbreiten. Du beginnst von innen her zu strahlen. Du verstärkst in diesem Moment die Signalstärke deiner emotionalen Signatur.

Wenn es sich für dich gut anfühlt, kehrst du zurück ins Hier und Jetzt und öffnest deine Augen.

Die Challenge *Emotionale Signatur* in Kurzfassung

- Du verbindest dich mit der Quellenergie.
- Frag dich innerlich: »Wie viele toxische Emotionen dominieren meine emotionale Signatur im Moment?« Schreib sie auf und setz die Ressourcen daneben.
- Schau in die linke Hand wie in einen Spiegel, der dich zeigt, wie du die toxischen Emotionen lebst.
- Sag dreimal laut: »Ich akzeptiere all diese toxischen Emotionen, auf der tiefsten Ebene und mit all meinen Teilen und wähle jetzt, sie loszulassen.« Spüre einen roten Tennisball, der die toxischen Emotionen darstellt – und lass ihn los.
- Schau in die rechte Hand wie in einen Spiegel, der dich zeigt, wie du deine Ressourcen lebst.

- Sag dreimal laut: »Ich wähle jetzt diese Ressourcen auf der tiefsten Ebene meines Seins und in all meinen Teilen.«
- Führ den ersten Power-Move aus – rechte Faust zur Brustmitte, linke Hand darüber, und sage: »Ich entscheide mich für eine emotionale Signatur, die von Liebe, Freude, Leichtigkeit und Power dominiert wird. Ich integriere, integriere, integriere diese emotionale Signatur auf der tiefsten Ebene meines Seins und in all meinen Teilen. Jetzt.«
- Spür nach.

Immer wieder stoße ich in den Köpfen der Menschen auf die Überzeugung, dass toxische Emotionen und karmische Verstrickungen an uns haften, ja fast schon kleben. Was wäre aber, wenn wir es sind, die an diesen Emotionen festhalten? Wir waren es schließlich, die diese Emotionen aus unserem Inneren heraus haben entstehen lassen, weil wir nicht wussten, wie wir mit unangenehmen Situationen sonst hätten umgehen können. Genauso wie wir uns damals, als diese toxischen Emotionen entstanden sind, entschieden hatten, sie aufkommen zu lassen, können wir uns nun entscheiden, sie loszulassen. Wir haben die Wahl.

Ich glaube an die Kraft von bewussten Entscheidungen. Sie sind wie ein Versprechen an sich selbst. Du versprichst dir, dich innerlich nicht mehr zu vergiften und vergangenen Schmerz loszulassen. Du versprichst dir, dein bester Freund zu werden und gut für dich zu sorgen, indem du dich täglich darin trainierst, die Vergangenheit und alle toxischen Emotionen loszulassen.

Insiderwissen

Mit der Challenge zur emotionalen Signatur besitzt du ein kraftvolles Tool, das dich ab sofort täglich begleiten kann. Jedes Mal, wenn du in deine linke oder rechte Hand blickst, wird dir bewusst, dass du die freie Wahl hast, an toxischen Emotionen festzuhalten oder deine inneren Ressourcen zu stärken.

Dein Power-Move symbolisiert ab heute deine Fähigkeit, dich mit deinem Herzen zu verbinden, wo alle Gegensätze in Einklang gehen. Du hast erkannt, dass alle Emotionen okay sind. Es sind kraftvolle Signale, die dir zeigen, woran du noch arbeiten darfst, was du noch mehr loslassen und was du noch mehr verstärken kannst. Deine Emotionen sind ab sofort deine Lehrmeister.

Die Technik der emotionalen Signatur kann enorm viel im Leben eines Menschen verändern. Wie zum Beispiel bei Luisa. Sie fand den Weg zu mir, weil sie komplett verzweifelt war. Luisa ist eine erfolgreiche Geschäftsfrau, die sich nichts mehr wünschte als eine liebevolle Beziehung. Aber alle Männer, die in ihr Leben traten, verließen sie nach kürzester Zeit aufgrund eines ähnlichen Themas. Sie konnte sich nicht auf die Männer einlassen. Sie fühlten sich von ihr herumkommandiert und dominiert. Ganz offensichtlich schaffte es Luisa nicht, aus ihrer männlichen Energie, die ihr im Geschäftsleben zugutekam, in ihrem Privatleben auszusteigen oder zumindest dafür zu sorgen, dass auch ihre weiblichen Aspekte zum Zuge kamen. Wir identifizierten ihre toxischen Emotionen wie »überwältigt«, »frustriert«, »wütend«, und es stellte sich heraus, dass sie als die älteste Tochter die Vaterrolle für die gesamte Familie übernommen hatte, nachdem der Vater die Familie wegen einer anderen

Frau verlassen hatte. Wir integrierten die entsprechenden Ressourcen in ihr System und versiegelten die neue emotionale Signatur mit ihrem Versprechen an sich selbst. Ich trug ihr auf, für die kommenden drei Wochen die Signatur mit dem Power-Move zu verstärken. Nach etwa einer Woche geschah etwas sehr Spannendes: Sie erhielt ein Jobangebot, das finanziell viel lukrativer war, während sie gleichzeitig mehr freie Zeit für sich hatte. Am ersten Arbeitstag traf sie einen Mann, und es war für beide Liebe auf den ersten Blick. Bald entstand eine wunderbare und liebevolle Beziehung, die nun bereits seit über einem Jahr anhält. Das Einzige, woran ich mit Luisa gearbeitet hatte, war die emotionale Signatur. Die Effekte sind beeindruckend, und Luisas Transformation ist keine Ausnahme. So ein Wandel ist für dich, für uns alle möglich!

Den Lebenstank füllen und den Treibstoff effizient nutzen

Was geht in dir vor, wenn ich dir sage, dass du für jede Emotion, die du empfindest, dankbar sein solltest? Sie zeigt dir nämlich an, dass du am Leben bist. Ja wirklich, du solltest auch für deine Wut, deine Frustration und deinen inneren Schmerz dankbar sein. Denn sie liefern dir das Benzin für deinen Lebenstank.

Es gibt Menschen, die sich irgendwann in ihrem Leben entschieden haben, nichts mehr zu fühlen. Was genau treibt diese Menschen dazu, den Schalter umzulegen und sich emotional einzufrieren? Ich habe auf meinem Weg schon so viele getroffen, die sich in ihrer Lebensenergie komplett blockieren, weil sie einfach nichts mehr fühlen wollen. In nahezu allen Fällen waren das Menschen, die Schicksalsschläge erlitten hatten, durch großen Schmerz und tiefe Trauer gegangen waren. Da es diesen Menschen zum Zeitpunkt der unangenehmen Erlebnisse nicht möglich war, anders mit der Situation umzugehen, begannen sie einen Panzer oder eine Art Schutzschild aufzubauen, das sie vor jeglicher Art von Emotionen oder Gefühlen schützen sollte. Sie hatten keine verfügbaren Ressourcen, um diese Phasen anders zu meistern. So war der Schmerz nicht mehr spürbar, aber auch Freude und Leichtigkeit nicht.

Was muss das für ein Leben sein, wenn wir nichts mehr fühlen? Wenn uns die schönen Dinge nicht mehr berühren oder inspirieren? Wenn wir die Liebe unseres Partners nicht mehr spüren? Ein Leben ohne Emotionen ist nicht lebenswert. Es fehlt die Lebensenergie. Alle Emotionen sind okay. Es ist unser Kopf, der sie als Gut oder Böse kategorisiert. In der Energiesprache jedoch gibt es so etwas wie schlechte Emotionen nicht. Es kann sein, dass gewisse toxische Emotionen einen Menschen dazu bewegen, anderen etwas »Böses« anzutun, was umso leichter geht, wenn dieser keine emotionale Fitness aufgebaut hat. Die aus dem unbewussten Umgang mit den Emotionen resultierende Handlung ist dann »böse«, aber nicht die Emotion.

Lass uns Abschied nehmen von diesem mentalen Gefängnis, dass es gute und schlechte Emotionen gibt. Alle Emotionen sind herzlich willkommen. Diese Einsicht wird dich innerlich entspannen. Der Druck, sich immer nur gut fühlen zu müssen, wird nachlassen und du wirst eins mit allen Emotionen, die in dir sind. Wir verleugnen nicht länger, dass die Welt ein perfektes Spiel von Licht und Schatten ist und dass das Auf und Ab im Leben ein großes Geschenk für unsere Weiterentwicklung ist.

Vielleicht fragst du dich, warum ich sage, dass es keine schlechten Emotionen gibt, und dich zugleich anleite, toxische Emotionen umzuwandeln. Ganz einfach: weil beide nicht dasselbe sind. Schlechte Emotionen gibt es meiner Wahrnehmung tatsächlich nicht – wohl aber solche, die uns schaden, die in uns gären und dort ihr Gift versprühen. Um die sollten wir uns kümmern, wie du es bereits mit Challenge No. 9 gemacht hast.

Bist du in einem emotionalen Freeze-Zustand?

Befindest du dich in einem emotional eingefrorenen Zustand? Um das festzustellen, kannst du dir folgende Fragen stellen:

- Lass ich mich schnell von schönen Dingen begeistern?
- Schaffen es schöne emotionale Musikstücke, mich zu berühren? Vielleicht sogar zu Tränen zu rühren?
- Kriege ich Gänsehaut, wenn mich etwas tief berührt oder inspiriert?
- Schaffe ich es, Menschen zu begeistern, zu inspirieren?
- Fällt es mir leicht, zu lächeln, zu lachen?
- Kann ich mich in den emotionalen Zustand einer anderen Person hineinversetzen?

Falls du die Fragen zum größten Teil mit Ja beantwortet hast, scheint der emotionale Freeze-Zustand für dich kein Thema zu sein. Falls bei dir jedoch öfters ein Nein kam, solltest du dich intensiver mit diesem Abschnitt beschäftigen. Darüber hinaus möchte ich dich fragen, wie viele deiner täglichen Emotionen für dich bewusst wahrnehmbar sind. Bemerkst du sie kaum?

Dann ist die Wahrscheinlichkeit hoch, dass du deine Emotionalität einfach ausgeschaltet hast. Klischeemäßig hört man ja oft, dass »echte Männer« keine Gefühle zeigen, was für mich – bitte entschuldige die Ausdrucksweise – völliger Bullshit ist. Es ist meist eine Ausrede, die von Männern in die Welt gesetzt wird, die sich selbst nicht eingestehen wollen, dass sie sich einen Panzer erschaffen haben, der sie vor Schmerzen bewahren soll. Damit sollte Schluss sein. Es tut den Männern nicht gut. Und wir Frauen stehen sowieso eher auf Männer, die ihre Gefühle zeigen. Das ist nämlich eine Form von Mut und Stärke.

Was aber tun, um die Emotionalität wieder einzuschalten? Wenn du es dir über Jahre antrainiert hast, deine Emotionen nicht zuzulassen, solltest du beginnen, dir aktiv anzutrainieren, Emotionen wieder zu leben. Du kannst es dir wie beim Krafttraining vorstellen. Die Muskulatur baut sich nicht über Nacht auf, sondern nach und nach. Und genauso verhält es sich mit deinen »emotionalen Muskeln«. Egal, wie verkümmert sie sein mögen: Du hast emotionale Muskeln und du kannst deine emotionale Fitness wieder auf Vordermann bringen.

Dein emotionales Fitnesstraining

Musik als Kraftgenerator
Musik nährt die Seele und darüber hinaus füllt Musik, die uns anspricht und erhebt, unseren Lebenstank. Musik stellt in meinem Leben und in meiner Arbeit so einen wichtigen Aspekt dar, dass ich darüber ein ganzes Buch schreiben könnte. Aus diesem Grund haben Jeffrey Kastenmüller und ich auch Stardust Music ins Leben gerufen. Gemeinsam mit unseren Team

aus Musikproduzenten und Frequenzspezialisten erschaffen wir Musik, die Menschen tief berühren, öffnen, verändern und auf eine neue Bewusstseinsebene katapultieren kann. Zudem waren Musik und Tanz immer ein wichtiger Teil meines Selbstausdrucks. Wenn ich Musik höre und/oder tanze, fühle ich mich an eine höhere Energiequelle angedockt. Ich fühle mich unaufhaltsam und grenzenlos. All das kann Musik auch in dir auslösen, aber du musst es auch geschehen lassen.

Ich empfehle dir, eine Playlist mit Songs und Musikstücken zusammenzustellen, die deine emotionale Fitness steigern. Das sollten Titel sein, die dich berühren, aktivieren, die dein Herz öffnen, die dich vielleicht auch an schöne Tage erinnern oder dich einfach motivieren und aufmuntern. Es muss Musik sein, die dir gefällt und die etwas mit dir macht. Ich zum Beispiel liebe Soundtracks von Filmen, die mich inspirieren und berühren, wie zum Beispiel »Man of Steel«. Sobald ich diese Musik höre, verbinde ich mich mit all den positiven Emotionen, die der Film in mir ausgelöst hatte.

Du musst nicht verstehen, was deine Musik mit dir macht, denn genau das ist die Magie. Wir verstehen es nicht, aber wir fühlen es. Höre Musik ab sofort häufiger und bewusster. Verlass am besten nie das Haus ohne Musik und setz sie vor allem dann ein, wenn du merkst, dass du emotional wieder einfrierst.

Beweg dich

In dem Wort »Emotion« steckt bereits *movere*, was »bewegen« bedeutet. Es gibt in der Tat einen Zusammenhang zwischen emotionaler Balance und Bewegung. Ein Körper, der zu wenig bewegt wird, tendiert auch eher dazu, hart und fest zu werden, toxische Emotionen abzulagern und innerlich zu verkümmern.

Es gibt genügend Beispiele von Menschen, die weit über achtzig sind, aber immer noch körperlich und mental topfit und in ihrer Kraft. Diese Menschen haben nie aufgehört, sich zu bewegen und sich zu motivieren, jeden Tag etwas Neues zu lernen und zu tun. Altern ist kein Muss, sondern eine Entscheidung. Je mehr ich mich mit Menschen beschäftige, desto deutlicher wird mir das.

Beginne ab sofort, dich zu bewegen, und zwar mindestens dreißig Minuten am Tag und bis zu deiner körperlichen Grenze. Das ist wichtig, denn wir wollen deinem Körper Signale geben, sich weiterzuentwickeln. Tun wir das nicht, gewöhnt er sich an die zu erwartende Belastung und macht keine neuen Kräfte mobil. Mein Personal Trainer Silvio sagt immer, dass es dem Körper nicht zu langweilig werden sollte, denn dann baut er ab. In jedem Training erwarten mich neue Übungen, die ich noch nicht kenne. Dadurch setzen wir nicht nur meinem Körper einen Impuls, sondern auch meinem Gehirn. Und genau um dieses Organ geht es im nächsten Abschnitt.

Anti-Brain-Fog-Ernährung: gehirngerecht essen

Wenn dein Gehirn seine Aufgaben nicht korrekt erfüllt, kann es in dir zu einem emotionalen Stau kommen, der dann in den Freeze-Zustand münden kann. Aber auch unabhängig von den Emotionen ist es für uns essenziell wichtig, uns auch um unser Gehirn zu kümmern. Für die meisten ist es einfach selbstverständlich, dass das Gehirn »sein Ding« macht und komplett autonom arbeitet. Hast du aber schon einmal daran gedacht, dass es sein könnte, dass du erschreckend wenig vom Potenzial deines Gehirns nutzt und dass das sehr stark mit deinen Gewohnheiten und deinem Verhalten zusammenhängen könnte?

Brain Fog ist die Bezeichnung für einen mentalen Zustand, in dem man sich benebelt, unklar, fast wie auf Rauschmitteln fühlt. Viele Menschen verbringen ihr gesamtes Leben in diesem Zustand. Ein vernebelter Geist führt auch zur Vernebelung der Emotionen, denn von diesem Brain Fog sind diverse Hirnareale betroffen, die die Verarbeitung von Emotionen regulieren. Viele Menschen mit Depressionen leiden eigentlich unter einem »Gehirn-Nebel«. Die Lösung dafür ist oft sehr einfach und hängt unter anderem stark mit der Ernährung zusammen. Ein Verursacher von Brain Fog ist nämlich der Verzehr von Getreide, genauer gesagt von Gluten, dem Protein, das in den üblichen Getreidearten zu finden ist. Gluten bringt das hormonelle System dermaßen durcheinander, dass wir uns einfach schlecht fühlen, auch wenn es im Außen eigentlich keinen Grund dafür gibt. Es geht dabei nicht um Nahrungsunverträglichkeiten, denn Gluten zerstört langfristig gesehen die Darmflora bei jedem Menschen. Ich empfehle dir daher, glutenhaltiges Getreide wegzulassen. Es gibt wundervolle Alternativen wie Reis, Quinoa, Amarant oder Buchweizen und diverse Literatur zu dem Thema.

Neben dem Verzicht auf Gluten sind folgende Punkte wichtig, insbesondere für dein Gehirn:

- Trink genügend stilles Wasser (je nach Gewicht, Alter und körperlicher Belastung mindestens zwei Liter).
- Nimm gesunde Fett zu dir (in Form von Kokosfett, Nüssen, Olivenöl, Wildfangfisch, Avocado zum Beispiel).
- Iss mehr grünes Gemüse und Süßkartoffeln.
- Vermeide Milchprodukte, vor allem aus Kuhmilch.

Setz diese Dinge um, indem du dir deine Intention immer bewusst hältst. Du öffnest dich für eine Version von dir, die gesund, glücklich und frei durchs Leben geht, Liebe verschenkt und andere Menschen darin inspiriert, das Gleiche zu tun. Um dich immer mehr mit dieser Version verbinden zu können, gehst du Schritt für Schritt weiter auf dem *Empower-Yourself*-Weg, Tag für Tag.

Eine Frage, die alles verändern wird

Jeder von uns hat einen Fokus, einen inneren Radar, der vierundzwanzig Stunden am Tag nach bestimmten Energien, Situationen und Umständen Ausschau hält. Falls du dich in einer emotionalen Negativspirale befindest, suchst du die ganze Zeit nach Dingen, die schieflaufen und irgendwie krumm sind. Und jetzt frag dich mal: Würdest du mit einem Menschen, der die ganze Zeit nach Fehlern und nach dem Schlechten sucht, Zeit verbringen wollen? Eher nicht, oder?

Also lass uns deinen Fokus ändern und dich darauf trainieren, die schönen Dinge in allem zu sehen. Dafür möchte ich dir eine unglaublich kraftvolle Frage an die Hand geben: »Wo ist es bloß?« Mit »es« meine ich das Schöne, das Erfreuliche, das, was dich innerlich friedlich und glücklich macht. Es ist wichtig, dass du diese Frage mit Humor nutzt und absolut spielerisch. Jedes Mal, wenn dir etwas Negatives im Außen auffällt, fragst du dich innerlich oder laut: »Wo ist es bloß?« oder »Wo hat sich hier das Schöne versteckt?«

Belügen wir uns damit nicht oder reden uns die Dinge einfach schön? Und was ist mit den Sachen, an denen wir rein gar nichts Schönes sehen können? Falls du dir diese Fragen stellst, möchte ich dich beglückwünschen. Du hast einen sehr gut trainierten Geist, der immer nach dem »Aber« sucht. Ich bin mir sicher, dass dir diese Instanz im Leben schon enorm geholfen hat. Doch wenn du auf die Reise zu deiner schöpferischen Genialität gehst, musst du dich immer öfter von dieser Instanz distanzieren. Denn dein kritischer Geist ist abgespalten von der Unendlichkeit der Möglichkeiten und von den großen Chancen deiner Selbstentfaltung.

Hinter jeder noch so unangenehmen Situation verbirgt sich ein Geschenk oder etwas Schönes. Sagen wir mal, du erhältst eine Rechnung, die den Betrag übersteigt, mit dem du gerechnet hattest. Nun hast du die Wahl: Du kannst dich darüber aufregen, was aber weder den Betrag noch deine Verpflichtung, ihn zu zahlen, ändern wird. Oder du denkst dir:»Wow, da ist jemand, der so sehr auf meine Zahlkraft und mein finanzielles Vermögen vertraut, dass er mir eine Rechnung in solch einer Höhe schickt. Jede Rechnung ist ein Kompliment an mich. Ich halte die Wirtschaft am Laufen. Ich weiß, dass finanzielle Mittel für mich immer nur dann gedeihen können, wenn sie fließen, hin zu mir und weg von mir.« So ungefähr könnte dein innerer Dialog lauten.

Siehst du, wie das die Sicht auf die Dinge verändert? Merkst du, wie sich der Druck auf den Brustraum löst, wie die Angst, die vielleicht da war, verschwunden ist? Und all das konnte geschehen, weil du dich entschieden hast, deinen Fokus zu ändern.

Ganz gleich, in welche noch so unangenehme Situation du gerätst, du kannst dich trainieren, deinen Fokus auf das Schöne darin, egal wie groß oder wie klein, zu richten. Und nun kommt der Schlüssel zur Tür vor der allergrößten, schönsten Positivität in deinen Emotionen: Dankbarkeit. Es ist einfach, Dankbarkeit zu spüren, wenn alles wunderbar läuft in deinem Leben. Aber wie gut schaffst du es, auch in den dunklen Momenten Dankbarkeit zu fühlen? Du bist am Leben, und eigentlich ist das Grund genug, um dankbar zu sein. Du atmest, du fühlst, du bist da. Spürst du es?

Unser ultimatives *Empower-Yourself*-Ziel in diesem Kapitel ist die emotionale Fitness. Wie du diese Muskulatur aufbauen kannst, hast du bereits gelesen. Darüber hinaus hast du tiefer integriert, dass Emotionen purer Ausdruck deiner Lebendigkeit sind. Du beginnst, für jede Emotion dankbar zu sein. Sie zeigen dir, dass das Leben in dir pulsiert.

Wir haben auch gesehen, dass es emotionale Muster geben kann, in denen wir feststecken. Wir bewegen uns kaum voran im Leben und hoffen, dass alles beim Alten bleibt. Das hat enorm starke Auswirkungen auf unsere Emotionen, und deswegen soll es jetzt um die Meisterschaft über den Fluss des Lebens gehen.

Emotionale Superhelden

Jeder möchte loslassen, es ist fast schon zum Trend geworden, loszulassen und zu vergeben. Ich möchte nun ein Spiel mit dir spielen oder besser: mit dir gemeinsam einfach ein wenig fantasieren. Stell dir vor, es gibt weit, weit weg von der Erde einen Ort, wo sich alle Seelen treffen, bevor sie als Menschen auf der Erde inkarnieren. Es ist ein Festival für Seelen. Dort trifft man sich und erzählt sich gegenseitig, wieso man überhaupt als

Mensch inkarnieren möchte. Die eine Seele sagt, dass sie gern erfahren will, wie es ist, in einem Körper eingesperrt zu sein. Das kann man sich als Seele gar nicht vorstellen, und von der seelischen Perspektive aus erscheint das als spannendes Abenteuer, bei dem man sicherlich viel lernen kann.

Eine andere Seele sagt, dass sie gern erfahren will, wie es ist, ein Egoist zu sein, nur an sich selbst zu denken und andere zu missachten. Das erscheint von der seelischen Perspektive aus eigentlich absurd und fast schon unmöglich. Aber es ist eine Herausforderung für die Seele.

Wieder eine andere Seele hat eine richtig coole Idee und spricht zu einer anderen: Wir treffen uns auf der Erde als Mann und Frau, verlieben uns ineinander, heiraten, kriegen Kinder und dann betrüge ich dich. Die andere Seele ist begeistert darüber, und sie schließen eine Abmachung. Wenn sie auf der Erde sind, werden sie sich an diese Vereinbarung halten, egal, was geschieht. Auch das ist ein Abenteuer, vor allem aber ist es eine Lerntherapie, denn die inkarnierten Seelen können sich dann für den Rest des Lebens darin üben, dem anderen oder sich selbst zu vergeben und loszulassen. Das klingt in den Ohren der Seelen nach purem Spaß und Weiterentwicklung.

Als Menschen finden wir all das nicht so lustig. Doch deine wichtigste Aufgabe als Mensch ist es, zu lernen, dich weiterzuentwickeln und jeden Tag etwas mehr zu integrieren, was du bist, und loszulassen, was du nicht bist. Du bist nicht dein Kopf, aber deine Seele. Du bist nicht deine Gedanken, aber Liebe. Als Seele willst du am Ende eines Erdenlebens so viel wie möglich gelernt und auch einen Beitrag an die spirituelle Evolution der Erde geleistet haben. Und nun kommt die entscheidende Frage: Denkst du, dass du dich entwickeln würdest, wenn alles einfach super wäre? Der größte Motivator für Wachstum ist Schmerz. Die Frage ist, ob dich dieser Schmerz lähmt und überwältigt oder ob er dich motiviert, hinter die Oberflächlichkeit der Dinge zu blicken und zu lernen. Der Schmerz kehrt für die meisten Menschen immer wieder in ähnlicher Form zurück. So gibt ihnen das Universum ständig neu die Möglichkeit, zu lernen und den Schmerz aufzulösen.

Es gab viele, die hilfesuchend in meine Praxis kamen, weil sie beobachtet hatten, dass sich negative Situationen in ihrem Leben stets neu wiederholten. Sie sahen nicht, was sie falsch machten, und vor allem wussten sie nicht, wie sie aus dem Ganzen aussteigen konnten. Juliane war so eine Klientin, denn sie geriet immer wieder an Männer, die gewalttätig, aggressiv und jähzornig waren und ihr gegenüber sogar handgreiflich wurden. Bei den ersten Dates schien alles immer wunderbar zu sein, die Männer verwöhnten sie und lagen ihr zu Füßen. Aber kaum zogen sie zusammen und der Alltag schlich sich in ihr Leben ein, zeigten sie ihr wahres Gesicht.

Was denkst du? Worin könnte der Grund liegen, dass diese Frau immer wieder in so eine Situation gerät, die ihren Selbstwert und Selbstrespekt stark strapaziert? Was wollte die Seele der Frau lernen, als sie vor der Geburt diese Abmachung mit diesen Männern getroffen hatte? Vielleicht klang die Abmachung so ähnlich wie: Hey, ihr lieben Seelenfreunde, bitte behandelt mich so lange schlecht, bis ich endlich schnalle, dass ich wertvoll, liebenswert bin und eine Person, die Respekt und Anerkennung verdient hat.

Das würde heißen, dass diese Männer von der seelischen Ebene aus betrachtet alles richtig gemacht haben. Sie haben sich an den Plan gehalten, und das wird so lange weitergehen, bis Juliane versteht, was sie aus dem Ganzen zu lernen hat. Sie will lernen, Grenzen zu setzen, nicht immer alles auf die Beziehung zu setzen und mehr Zeit in die wichtigste Beziehung in ihrem Leben zu investieren: die Beziehung zu sich selbst.

Und siehe da, nachdem wir das so herausgefunden hatten und ich ihr Übungen und Tools mitgegeben habe, um ihren Selbstwert zu finden und ihre Selbstliebe zu stärken, veränderte sich alles. Sie blieb für zwei Jahre Single und erzählte mir im Nachhinein, dass sie das zuvor kaum mal erlebt hatte. Sie sagte, dass dies die beste Zeit in ihrem Leben gewesen sei, und sie hätte es sehr genossen, mit sich allein Zeit zu verbringen. Sie war viel gereist, hatte viel gelesen und eine neue Sprache gelernt. Bei einem Sprachkurs in Italien traf sie dann einen Mann, der ihr Herz und ihre Seele berührte und komplett anders war als alle Männer, mit denen sie zuvor zusammen war. Er war einfühlsam und liebevoll. Soweit ich weiß, sind die beiden immer noch glücklich zusammen und alle Spuren des vergangenen Musters sind verschwunden.

Was hat das nun mit Loslassen und Vergebung zu tun? Wenn es keinerlei Abmachung auf seelischer Ebene gegeben hätte, dann wäre es wichtig, dass Juliane den gewalttätigen Männern vergibt und ihre Vergangenheit loslässt. Denn nicht zu vergeben bedeutet, an der Vergangenheit festzukleben. Was aber, wenn es gar nichts gibt, was sie vergeben müsste? Diese Männer haben sich doch einfach nur an die Abmachung gehalten, oder?

Alles, was wir auf Erden durchleben, ist eine Art Spiel. Wir werden verletzt, wir verletzen und so weiter. Alles geschieht aus einem einzigen Grund: Wir wollen lernen und wachsen, und dabei sind wir uns gegenseitig behilflich. Deine größten

Lehrmeister können die Menschen sein, die nicht an dich glauben, dich niedermachen und dich fallen sehen wollen. Denn sie geben dir Wachstumssignale. Wenn du in deiner Selbstliebe gefestigt bist, bist du auf die Anerkennung anderer schließlich gar nicht angewiesen. Wenn du das integriert hast, passiert spannenderweise Folgendes: Du erhältst ganz automatisch die Anerkennung von anderen. Die innere Haltung entspannt sich, du gehst mehr ins Vertrauen und in die Liebe. Das wiederum verändert deine gesamte Schwingung, und du beginnst andere Situationen und Menschen anzuziehen.

Wenn wir alles mit unseren Mitmenschen auf der Seelenebene bereits abgemacht hatten, auch die Verletzungen, die sie uns oder wir ihnen antun werden, gibt es gar keinen Grund, irgendwem zu vergeben oder zu verzeihen. Eigentlich müsste man sich bedanken, denn die anderen haben sich an den Plan gehalten. Ich weiß, das sind sehr ungewöhnliche und weitreichende Gedanken. Aber wir erhielten in unzähligen Channelsessions durch die Geistige Welt viele Belege dafür, dass es solch eine Form von Abmachung geben muss. Wir sind während unserer Inkarnation als Menschen nicht mal annähernd in der Lage, die Komplexität dieses Themas zu erfassen. Aber bereits in dieser vereinfachten Form kann uns dieser Ansatz helfen, Dinge im Leben besser zu verstehen und leichter Frieden zu schließen.

Schauen wir uns an, wie wir vor diesem Hintergrund mit Verletzungen umgehen können.

No. 10, die Superhelden-Challenge: Meisterschaft im Vergeben und Loslassen

Schreib dir drei Personen in dein Notizbuch, die dich auf irgendeine Art und Weise verletzt haben und denen du bis jetzt noch nicht vergeben hast. Dann geh für einen Moment in dich und frage dich, was genau dich verletzt hat? Zum Beispiel könnte Person eins ein Mann sein, der dich mit einer anderen Frau betrogen hat. So notierst du es für alle drei Namen auf deinem Zettel.

Wenn es nun stimmt, dass es diese Vereinbarung gab und du mit diesen Menschen die entsprechenden Abmachungen getroffen hast – was wolltest du als Seele in der menschlichen Inkarnation lernen und durch diese schmerzvollen Erlebnisse erfahren, die diese drei Personen in deinem Leben ausgelöst haben? Beispielsweise wolltest du vielleicht lernen, Grenzen zu setzen, deinen eigenen Selbstwert zu verteidigen, für dich einzustehen, Mitgefühl für andere zu entwickeln und so weiter. Welchen Lerneffekt kannst du im Moment erkennen? Was waren die Geschenke hinter diesen Verletzungen? Vielleicht hast du nach diesem Schmerz endlich eingesehen, dass du der wichtigste Mensch in deinem Leben bist und nicht andere.

Nun gehst du in die einzelnen schmerzhaften Situationen. Vielleicht erinnerst du dich ganz spontan und schnell an die Szene, in der du verletzt wurdest, oder sogar an mehrere. Wähle eine Situation aus, die in dir den größten Schmerz ausgelöst hat. Sieh dich selbst in dieser Szene und versuch deine Erinnerung mit so vielen Details wie nur möglich zu erwecken. Und dann verlass deinen Körper und stell dir vor, dass du jetzt wie ein Vogel nach oben schwebst und die Situation von oben betrachtest.

Du siehst dich und diese Person in der Situation. Aber du bist jetzt neutral und nicht in der Episode gefangen. Stell dir vor, du könntest alles betrachten, als wärst du nicht betroffen. Wie sieht das Ganze von außen aus? Kannst du vielleicht sogar sehen, dass die Situation gar nicht so verletzend war, wie du sie erlebt hattest? Vielleicht kannst du dich jetzt auch besser in die Lage deines Gegenüber versetzen und auch seinen Schmerz und seine Unwissenheit erkennen. Lass dir Zeit damit. Es geht nicht darum, konkrete Erkenntnisse zu bekommen, sondern nur darum, dich von der Situation zu lösen und in dir einen Raum für das Loslassen zu öffnen. Einen Raum, der dich leichter und besser verstehen lässt, wieso das Ganze passiert ist.

Nachdem du dir diese Situation von oben angeschaut hast, stellst du dir vor, dass die gesamte Erfahrung in eine blaue Kugel eingehüllt wird. Sprich dann Folgendes laut oder innerlich: »Das, was in der Vergangenheit passiert ist, gehört zur Vergangenheit. Heute bin ich meine vergebungsvollste Version, und ich sehe den Schmerz und die Unwissenheit von XY (Name der Person, die dich verletzt hat). Auch ich habe bereits Menschen aus Unwissenheit und Schmerz verletzt. Ich vergebe mir jetzt dafür und ich vergebe XY für alle die Dinge, die sie/er mir wissend oder unwissend angetan hat. Alles, was aus dieser Situation gelernt werden sollte, wird jetzt gelernt. Alles, was jetzt losgelassen werden kann, wird jetzt losgelassen. Ich befreie mich jetzt.«

Nun kannst du diese Übung für die anderen beiden Namen von deiner Liste durchführen, immer mit dem Ereignis, dass losgelassen werden darf. Diese Superhelden-Challenge kannst du beliebig für weitere Personen und Situationen anwenden, die du loslassen möchtest. Ich weiß, wie kraftvoll dieser Prozess sein kann. Was dabei jedes Mal geschieht, ist, dass du deine

Macht und deine Kraft wieder in Besitz nimmst. Immer, wenn wir in der Vergangenheit oder an Menschen festkleben, geben wir ein Stück von unserem Potenzial, unserer Energie und Kraft her. Denn alle alten, verbrauchten Informationen, die sich in unserem System aufhalten, werden zu toxischen Energien, die uns langfristig sogar krank machen können. Selbst die Medizin hat heute akzeptiert, dass Herzschmerz und Nichtvergebung Funktionsstörungen im Herzen verursachen können: das Broken-Heart-Syndrom (das Syndrom des gebrochenen Herzens). Man konnte beobachten, dass sich bei Menschen nach einer intensiven emotionalen Belastung eine schwerwiegende Störung des Herzmuskels einstellte. Es konnte um den Verlust eines nahestehenden Menschen gehen, das Ende einer Beziehung, einen heftigen Streit, einen Unfall oder Überfall oder eine Naturkatastrophe. Die meisten von uns leben so stark in der Vergangenheit, dass sie durch die Erinnerung an vergangene Situationen immer wieder den gleichen Schmerz wachrufen. Unser Nervensystem reagiert jedes Mal in gleicher Weise darauf, so als würde sich die Situation wiederholen. Dem wollen wir ein Ende setzen, und die Super-Helden-Challenge ist der erste Schritt dafür. Der nächste Schritt ist essenziell wichtig, um die vergebungsvollste Version deiner selbst zu aktivieren. Denn du musst niemandem mehr vergeben, wenn du dir selbst vergeben hast.

Die beste Software-Aktualisierung für dein emotionales System: Selbstvergebung

Empower Yourself steht für deine Fähigkeit, dich in deinem Potenzial und in deiner wahren Größe voll und ganz zu akzeptieren, zu entfalten und dich jeden Tag ein Stück mehr für deine ganz persönliche Erfolgsgeschichte zu öffnen. Diese Intention ist sehr kraftvoll und erfordert, dass du dein gesamtes System updatest, inklusive der emotionalen Ebene. Die beste »Softwareaktualisierung« hierbei geschieht durch Selbstvergebung.

Was bedeutet es eigentlich, sich selbst zu vergeben? Wenn du dir selbst vergibst, befreist du dich von der vermeintlichen Schuld und den Selbstvorwürfen und Verurteilungen aus der Vergangenheit. Wir verschwenden sehr viel Energie und Zeit darauf, uns selbst zu kritisieren und uns in Sätzen mit »hätte«, »könnte«, »wäre«, »wollte« zu verlieren.

Was wäre, wenn die Menschen im Außen, die uns verletzen, das nur aus einem Grund tun: Sie wollen uns eine Möglichkeit geben, Vergebung zu trainieren. Wenn wir davon ausgehen, dass wir alle eins sind und dein Gegenüber eigentlich eine andere Version von dir, erübrigt sich das mit der Vergebung anderer, und wir sehen, dass es sich immer nur um Selbstvergebung dreht.

Für die buddhistische Tradition hat die Vergebungsmeditation einen besonders hohen Stellenwert, und es praktizieren seit Jahrhunderten Menschen diesen Prozess. In vielen anderen spirituellen Traditionen (zum Beispiel auf Hawaii) findet man die Vergebung ebenfalls als einen wichtigen Teil der Praxis. Es scheint, als wären den Menschen die Zusammenhänge zwischen Gesundheit, Spiritualität, Erfüllung und Vergebung schon immer ersichtlich gewesen. Deshalb wollen auch wir nun den kraftvollen Schritt der Selbstvergebung gehen.

Challenge No. 11: Selbstvergebung

Schreib dir drei Situationen aus der Vergangenheit auf, von denen du denkst, dass du hättest besser reagieren müssen. Vielleicht denkst du dir sogar, dass du dich in diesen Momenten selbst hintergangen oder verletzt hast. Vielleicht fühlst du dich noch immer schlecht wegen dieser Dinge, die du dir selbst »angetan« hast. Geh für einen Moment in dich und notiere dir diese Situationen.

Wir werden jetzt jede Situation durchgehen und beginnen mit der ersten auf deiner Liste. Sieh dich selbst in der damaligen Szene, die Umgebung, die Menschen um dich herum und erlebe das Ganze von Neuem. Erlebe vor allem diesen Moment, in dem du dich selbst verletzt, und friere ihn in deinen Gedanken ein. Jetzt stell dir vor, dass es dort, wo du bist, an der Tür klingelt, oder du siehst von Weitem, dass eine lichtvolle Gestalt auf dich zuläuft. Du öffnest die Tür oder läufst dieser Gestalt entgegen. Du triffst ein Wesen von hoher Intelligenz. Vielleicht erscheint dir Buddha oder ein Engel oder jemand ganz anderes, der für dich hohe Intelligenz und Weisheit verkörpert. Dieses Wesen sagt, dass es gekommen sei, um dir zu zeigen, wie man die Situation anders hätte lösen können. Es leiht sich deinen Körper, schlüpft hinein und zeigt dir nun, wie man in dieser Situation auch hätte handeln können. Du schaust einfach zu. Danach schlüpft das Wesen wieder aus deinem Körper und verabschiedet sich.

Diese Instanz hoher Weisheit lebt in dir, sie ist nicht außerhalb von dir. Und wir haben sie mit dieser Übung aktiviert. Ab dem heutigen Tag kannst du dich immer, wenn du in eine schwierige Situation kommst, innerlich fragen: »Wie würde dieses Wesen hoher Weisheit reagieren?« So wirst du es schaffen, bewusster und liebevoller zu werden.

Erlebe dieses Wesen nun in jeder von den drei notierten Situationen. Merkst du, wie sich dadurch die gesamte Spannung in deinem Inneren auflöst?

Nun bleib in einer entspannten Position und schließ deine Augen. Stell dir vor, dass dieses Wesen hoher Intelligenz zugleich auch die vergebungsvollste Version deiner selbst darstellt. Dieses Wesen bewohnt den Garten in deinem Herzen: einen wunderschönen Garten in der Mitte deines Brustkorbs. Leg deine Hände auf die Mitte deiner Brust und sprich folgende Sätze laut oder innerlich: »Ich vergebe mir selbst für alles, was ich mir bewusst oder unbewusst angetan habe. Ich erkenne, dass ich mich für die vergebungsvollste Version meiner selbst entscheiden darf. Und ich entscheide mich jetzt dafür, dieses vergebungsvolle und liebevolle Selbst von mir jeden Tag noch stärker zu leben und zu lieben. Das ist die Vereinbarung, die ich mit mir treffe. Danke, Danke, Danke.« Du kannst noch für ein paar Momente nachspüren und dann wieder ins Hier und Jetzt zurückkommen.

Ich bin ein großer Fan buddhistischer Meditationstechniken, und vor allem Jack Kornfield, einer derjenigen, die diese Lehren in den Westen gebracht haben, ist für mich eine große Inspiration. Zu diesem Prozess der Selbstvergebung wurde ich auch von ihm inspiriert.

Wichtig ist, dass du dir bewusst machst, dass du in deinem Leben nie falsch gehandelt hast, sondern eher aus Angst und Unwissenheit. Es ist absolut okay, Angst zu haben und einfach nicht besser zu wissen, wie man handeln sollte. Jedes Mal, wenn du Menschen triffst, die aus Angst und Unwissenheit »falsch« handeln, kannst du ab sofort dein Mitgefühl trainieren. Denn auch du bist manchmal angstvoll und unbewusst. Wir sind nicht perfekt als Menschen, und das ist auch nicht Ziel des Menschseins. Wir geben alle unser Bestes, und dieses Beste von jedem Einzelnen variiert, je nachdem, was der Mensch für ein Typ ist und was er in seinem Leben bis jetzt durchlebt hat. Dazu zählen vor allem auch der familiäre Hintergrund und die Verbindung zu Vater und Mutter.

Dazu möchte ich gern etwas aus meinem Leben mit dir teilen, und zwar über meine Verbindung zu meinem Vater. Als kleines Mädchen war mir seine Liebe das Wichtigste, und ich habe alles getan, um seine Aufmerksamkeit zu erhalten. Er war selten zu Hause, aber ich wusste immer, wann er kommen würde, und stellte mich dann vor die Haustür und wartete, um mich dann direkt in seine Arme zu werfen. Mir war es sehr wichtig, meinen Vater zufriedenzustellen und ihn stolz zu machen. Es gab Dinge, die er mir immer wieder sagte, zum Beispiel: »Sei immer mutig, stark und diszipliniert. Du musst doppelt so viel lernen wie die deutschen Kinder. Du musst beweisen, dass sich auch ein türkisches Mädchen integrieren und in der Schule gut sein kann.« Und so habe ich mich mächtig ins Zeug gelegt. Ich habe sehr gute Noten geschrieben, habe aber auch immer viel gelernt und die Schule sehr ernst genommen.

Ich liebe meinen Vater, und ich bin für so viele Dinge, die er mir gegeben hat, unendlich dankbar. Ohne ihn wäre ich nicht der Mensch, der ich heute bin. Aber dieser innere Anspruch, es meinem Vater recht zu machen und ihn zufriedenzustellen, hat mich auch einen sehr großen Teil meines Leben verfolgt. Mein Vater wollte immer, dass ich stark, mutig, erfolgreich, voller

Durchsetzungskraft und Disziplin bin. Und siehe da, ich bin wirklich zu diesem Menschen herangewachsen. Aber in Phasen, wo ich das nicht war, und natürlich gab es die, habe ich mich schlecht gefühlt und mich selbst verurteilt. Erst relativ spät habe ich dieses innere Programm entdeckt: Obwohl ich ja gar nicht mehr bewusst meinem Vater gefallen wollte, hatte ich dennoch diesen Anspruch an mich, ihm gefallen zu müssen. Bei allem, was ich tat, lief das komplett unbewusst in mir mit. Bis zu dem Tag, wo ich es endlich merkte.

Ich hatte mich nicht nur über Gebühr angetrieben, sondern gewisse Teile von mir, wie die kraftlose und undisziplinierte Bahar, ausgesperrt und unterdrückt. Das verursachte einen inneren Stress, der extrem blockierend sein konnte.

Ich sehe es als absolutes Geschenk, dass mein Vater diese hohen Ansprüche an mich hatte. Aber heute darf ich frei sein und mich mit allem, was ich bin und nicht bin, voll und ganz akzeptieren. Denn ich weiß, dass es nicht mehr darum geht, hinter der Anerkennung und der Liebe meines Vaters hinterherzujagen, sondern mich selbst zu lieben.

Wie sieht es bei dir aus? War es deine Mutter oder dein Vater, wo du Liebe und Anerkennung gesucht hast? Wessen Anerkennung war dir wichtiger? Oder war es die der Großeltern oder anderer Menschen, die die Elternrolle übernommen hatten? Was waren die Dinge, die dir Vater oder Mutter über das Leben gesagt haben, darüber, wie du zu sein, zu leben, auszusehen hattest? Was waren die Ansprüche an dich, die du unbedingt erfüllen wolltest, weil du als Kind Anerkennung und Liebe gebraucht hast. Geh für einen Moment in dich und frag dich dann auch, welche Teile du in dir unterdrückt hast, weil sie den Anforderungen von diesem Elternteil nicht entsprochen haben.

Du siehst, was wir da für einen Deckel anheben! Darunter ist ein ganzer Topf voll mit unterdrückten Anteilen, Emotionen und Dingen, für die wir uns selbst verurteilt haben. Wir kommen damit noch einmal zu den Schatten, von denen bereits die Rede war (Seite 56). Es läuft in jedem Menschen ein Elternprogramm ab, das in ihm Kräfte aktiviert, aber auch inneren Druck und Zwang hervorrufen kann, wenn dieser Deckel nicht angehoben wird. Das aber haben wir soeben getan.

Ich habe früher sehr viel mit Teenagern gearbeitet, und eine verzweifelte Mutter brachte mir damals ihren Sohn Markus, der schon einige Selbstmordversuche hinter sich hatte. Er hatte bereits x Therapien durchlaufen, jedoch ohne Erfolg. Da ich in meinen Sessions unter anderem über die Aura des Klienten arbeite, bemerkte ich auf Anhieb diesen inneren Druck: In Markus war ein Schrei nach der Liebe und Anerkennung seines Vaters. Er erzählte mir dann, dass er sich an den Vater gar nicht erinnern könne, denn der hatte die Familie aus unerklärlichen Gründen verlassen, als Markus zwei Jahre alt war. Er wisse von ihm nur aus Erzählungen, dass er ein sehr edelmütiger, eleganter, selbstsicherer und erfolgreicher Mann wäre. Das waren alles Dinge, die er im Moment nicht verkörperte. Und genau das war der Punkt. Auch wenn er den Vater nicht kannte und auch wenn er nicht mehr in seinem Leben war: Er wollte um jeden Preis seinen (vermeintlichen) Ansprüchen genügen. Dieser junge Mann war komplett am Ende, weil er diesen Qualitäten nicht gerecht werden konnte, und dies fraß ihn innerlich auf und stahl ihm seine gesamte Lebensfreude.

Im Verlauf unseres Gesprächs veränderte sich mehr und mehr die Körperhaltung und auch die Energie des jungen Mannes. Ich machte ihm klar, dass er aus diesem inneren Druck aussteigen kann. Denn heute ist es nicht mehr möglich und auch nicht wichtig, dass er seinem Vater gefällt oder ihn zufriedenstellt. Das Einzige, was zählt, ist, dass er sich selbst zufriedenstellt. Er hing in einer Selbstverurteilungsschleife drin, denn anders als sein Vater war er sehr kreativ und liebte das Musizieren. All seine Bestrebungen, sich zu einem Businessman zu entwickeln, wie es sein Vater war, fruchteten nicht.

Innerhalb der neunzig Minuten, die ich mit Markus arbeitete, veränderte sich alles. Für mich ist es jedes Mal ein Wunder. Es berührt mich, zu sehen, dass jeder von uns in der Lage ist, für sich selbst in kürzester Zeit eine Transformation zu erreichen, ohne Dutzende von Therapiesitzungen und ohne Jahre der Meditation. Es kann schnell und leicht geschehen, es darf und muss sogar schnell und leicht geschehen. Daran glaube ich aus tiefstem Herzen. Markus lebt heute ein erfüllendes Leben. Er hat sich zu einem kreativen Genie entwickelt und verschwendet keinen einzigen Gedanken mehr daran, sich das Leben zu nehmen.

Die Ebene des Körpers: Der Katalysator für deine Entfaltung

Der Körper, in dem du dich aktuell befindest, ist alt, ja sogar uralt, und das hat nichts mit deinem biologischen Alter zu tun. Die Grundbausteine für das Leben und für deinen Körper wurden vor Millionen von Jahren gesetzt, und das, worin du dich bewegst und atmest, ist das Endresultat von einer Jahrmillionen langen Evolution. Dich gibt es verglichen mit den Grundpfeilern deines Körpers extrem kurz. Dein Körper entwickelte sich zu einem Naturphänomen, das die intensivsten Extremsituationen überleben könnte.

Allerdings dürfest du ihn nicht manipulieren und nicht mit deinem Denken daran hindern. Ich beobachte immer wieder, dass Menschen die Intelligenz ihres Körpers und der Anlagen in sich komplett unterschätzen. Sie sehen häufig nicht die Magie, das Wunder und das Geschenk, das die Evolution uns in Form unseres Körpers gemacht hat. Der Körper und die Tatsache, dass er uns mit allem versorgt, was wir brauchen, ist für sie eine Selbstverständlichkeit. Und falls mal etwas nicht so läuft, wie sie wünschen, und sie vielleicht sogar Schmerzen haben, vertrauen sie nicht auf die Millionen Jahre alte Weisheit des

Körpers, sondern lieber irgendeinem Arzt oder Medikament. Dabei sendet der Körper hilfreiche Signale. Wenn wir sie immer wieder überhören, ignorieren oder sogar unterdrücken, sagen wir damit zu unserem Körper: Ich vertraue dir nicht, ich glaube nicht an deine Weisheit und deine Kraft. Ich muss dich korrigieren und beherrschen, damit es mir gut geht.

Ich habe mich schon sehr früh intensiv mit meinem Körper beschäftigt. Nicht weil ich die Weisheit meines Körpers erkannt hatte, sondern weil ich ihn nicht verstanden habe. Ich sah für lange Zeit weder einen Sinn noch ein Geschenk in meinem Körper und habe versucht, ihn zu beherrschen, zu versklaven und mir gehörig zu machen. Das war alles andere als ein liebevolles Bündnis zwischen mir und ihm.

Wieso ist es aber so wichtig, den Körper voll und ganz zu akzeptieren, ihm zu vertrauen und das in uns schlummernde Potenzial an Kraft und Vitalität zu wecken? Wenn du ein mittelmäßiges Leben führen möchtest, an dessen Ende du es bereuen wirst, nicht aus dem Vollen geschöpft zu haben, ist es nicht wichtig. Falls du aber hungrig bist nach Entfaltung und Erfüllung auf allen Ebenen, kannst du dieses Ziel nur erreichen, wenn du deinen Körper als Verbündeten mit ins Boot holst. Wie genau kannst du das anstellen?

DNA-Upgrade

Ich bin keine Ärztin, Wissenschaftlerin oder dergleichen. Das gleich vorab. Was ich über den Körper schreibe, bezieht sich vor allem auf die Erkenntnisse, die ich seit vielen Jahren aus meiner Tätigkeit als Energy-Coach ziehe. Dabei arbeite ich mit

Energie, und wir wissen heute, dass alles Energie ist, so auch unser Körper. Ich habe bereits sehr früh in meinem Leben entdeckt, dass ich diese Energie sehen kann, so wie andere Leute Gegenstände sehen. Für mich war und ist Energie genauso real wie die grobstoffliche Welt und ich habe damit gespielt und experimentiert. Heute weiß ich, dass dieses Wissen, das ich mir bereits sehr früh angeeignet hatte, in meiner Arbeit essenziell wichtig ist. Denn ich sehe und spüre Dinge, die man mit dem Verstand nicht immer so schnell greifen kann, und bin daher in der Lage, Menschen sehr schnell zu helfen.

So haben sich mit der Zeit, in Kooperation mit Jeffrey, Dr. Roy Martina und anderen Mentoren und Menschen, die mich inspirieren, Tools und Techniken entwickelt, die sehr schnell Transformationen auslösen können. Zu diesen Tools gehört auch das DNA- oder Zell-Upgrade.

Dies ist wohl die komplexeste Technik, die ich in diesem Buch vorstelle. Ich habe dabei bereits versucht, das Upgrade abzuspecken und es in eine einfache Form zu bringen, ohne dass die Technik an Wirksamkeit verliert. Jeffrey und ich haben sehr viele Stunden investiert, um dieses System so fein abzustimmen, dass es für jeden Menschen funktioniert. In langen Sessions mit Freunden und Schülern haben wir immer wieder die Wirkungsweise des Upgrades überprüft, nachdem wir einige Parameter und Abschnitte geändert, entfernt und hinzugenommen haben. Das, was du in diesem Buch vorfindest, ist die neueste Form des DNA-Upgrades – und eigentlich ist sie immer noch in Arbeit. Die Energien und Dinge ändern und transformieren sich heute sehr schnell, und ich bin der Überzeugung, dass alle Techniken ständig angepasst werden müssen, um diesem Umstand gerecht zu werden.

Zum Start ist es wichtig, dass du für dein DNA-Upgrade eine Intention setzt, also ein erwünschtes Ziel oder Ergebnis benennst. Das könnte zum Beispiel »Gesundheit und Langlebigkeit« sein oder »ein gesunder und starker Rücken«. Dein Ziel könnte aber auch sein, eine liebevolle Beziehung mit dir selbst zu leben oder mehr Erfüllung in deinem Beruf zu finden. Versuche, das Ziel möglichst kurz und knackig zu definieren. Es sollte nicht zu komplex, aber auch nicht zu simpel sein. Und es kann ganz aktuelle Belange betreffen. Wenn du beispielsweise spürst, dass eine Erkältung im Anmarsch ist, könntest du auf das Ziel »maximale Immunstärke« hinarbeiten. Wir arbeiten hier mit der Genstruktur und dem Gehirn, es sind so gut wie alle Lebensthemen möglich, nicht nur solche, die sich direkt auf den Körper beziehen.

Zentral ist die DNA-Helix. Du kannst sie dir vorstellen wie eine Leiter, die spiralförmig gedreht wurde. Während des Upgrades werde ich dich bitten, dir vorzustellen, dass diese gedrehte Leiter sich in eine gerade Leiter verändert, also sozusagen öffnet. Später wird sie sich dann in deiner Vorstellung wieder in die gedrehte Version zurückverwandeln.

Bei der Durchführung des DNA-Upgrades könntest du auch mit einem Freund oder einer Freundin arbeiten, die dich durch den Prozess begleitet, indem sie den Text vorliest. Aber du könntest den Text auch auf ein Aufnahmegerät aufsprechen und dir die Audio-Datei dann für das Üben anhören. Dabei sind kurze Pausen im Text wichtig. Natürlich kannst du den Text auch einfach im Buch ablesen und so durch den Prozess gehen. Nach einer Zeit hast du ihn ohnehin verinnerlicht.

Challenge No. 12: DNA-und Zell-Upgrade

Komm in eine bequeme Sitzposition und sprich laut oder innerlich deine Intention in folgender Weise: »Meine Intention für diesen DNA-Upgrade ist ...«

Schließ deine Augen und geh im Gammazustand in die Quellverbindung. Roll dafür deine Augen nach oben und blick in die Mitte deines Kopfes, dorthin, wo die Zirbeldrüse liegt. Sprich insgesamt dreimal: »Gammazustand und Quellverbindung aktiviert. Jetzt.« Dann stell dir vor, dass von der Stirn zum Hinterkopf in Blitzgeschwindigkeit helles Licht in einer Art Laserstrahl vor- und zurückschießt. Dein ganzes Gehirn wird von diesem Licht durchflutet.

Jetzt stell dir vor, dass dieses Licht nicht nur in deinem Kopf vor- und zurückgeht, sondern jetzt auch beginnt, durch deinen ganzen Körper zu fluten, wieder in Blitzgeschwindigkeit. Dieses Laserlicht dringt bis in die Zellen und zur DNA vor. Sieh jetzt vor deinem inneren Auge die Helix der DNA: die gedrehte Leiter.

Und nun sieh, wie sich die DNA von der gedrehten Form in die offene Form verwandelt, also in eine gerade Leiter. Sprich insgesamt dreimal laut oder innerlich: »Ich lösche, lösche, lösche alle Informationen auf tiefster Ebene und in jedem Teil von mir, die mich daran hindern, mein erwünschtes Ergebnis ... (hier setzt du deine anfangs festgelegte Intention ein) zu erreichen. Jetzt.« Nachdem du das gesprochen hast, warte auf ein körperliches Feedback, vielleicht Wärme oder Kühle im Körper, ein Kribbeln. Wenn sich dieses Phänomen nicht einstellt, ist das auch okay. Spür einfach nach, ob du etwas bemerkst.

Nun stell dir vor, dass sich deine DNA-Helix wieder in die originale Form dreht. Sprich insgesamt dreimal: »Ich reprogrammiere, reprogrammiere, reprogrammiere auf der tiefsten Ebene alle meine Teile mit Ressourcen, Informationen und Energien, die mein Ziel unterstützen. Jetzt. Alles geschieht mit Freude und Leichtigkeit.« Auch hier warte ab, ob du ein kurzes Feedback in Form von einem körperlich spürbaren Phänomen bemerkst.

Stell dir nun vor, dass sich das gesamte Licht in deinem Körper in deinem Kopf bündelt und dort immer intensiver und heller wird. Dieses Licht wird jetzt neue Programme in deinem Gehirn installieren. Sprich insgesamt dreimal: »Ich installiere, installiere, installiere eine goldene Matrix für ... (setz hier wieder deine Absicht ein) in mein Gehirn und in all meine Teile. Jetzt.« Spüre das Feedback.

Nun geh innerlich in das Leben, das du führen wirst, wenn du dein Ziel bereits erreicht hast. Wie würdest du dich fühlen? Was wäre anders? Bleib bei diesen inneren Bildern und positiven Gefühlen und sprich dreimal: »Ich downloade, downloade, downloade die Vorlage der Erfahrung, wenn ich mein gewünschtes Ergebnis erreicht habe, und mache das zu einem Kommando an mein Unter- und mein Überbewusstsein. Jetzt.«

Du hast nun begonnen, dich immer mehr in genau dem Leben zu sehen und zu fühlen, in dem du dein Ziel erreicht hast. Bleib bei diesen wundervollen Gefühlen und sprich dreimal: »Ich bin für die vielen Geschenke des Universums unendlich dankbar, und ich öffne mich jetzt für weitere Geschenke und für die Erreichung meines Ziels ... (hier wieder deine Intention einsetzen.). Danke, Danke, Danke. Ich erlaube mir, dass meine schöpferische Genialität jetzt in der Freude und Leichtigkeit meines Lebens Ausdruck findet.« Spüre, ob ein Feedback kommt. Es kann sein, dass jetzt eine Welle der Freude durch deinen Körper geht und du dich frei, leicht und offen fühlst. Kehre, wann immer du willst, ins Hier und Jetzt zurück und beende die Übung.

Hinweise für die Zeit nach dem DNA-Upgrade

Trink am Tag des Upgrades und an den frei darauffolgenden Tagen unbedingt genügend stilles Wasser. Denn das DNA-Upgrade löst in nahezu allen Fällen leichte Entgiftungserscheinungen aus. Du kannst deinen Körper dann unterstützen, indem du ihm genügend Wasser als Transportmittel für die Toxine zur Verfügung stellst.

Um die Effektivität des Upgrades zu steigern, kannst du es einundzwanzig Tage lang mit dem gleichen Thema nutzen.

Oft erhalten wir als Rückmeldung, dass Menschen bereits nach dem ersten DNA-Upgrade für ein paar Tage »Blackouts« haben. Es zeigen sich Lücken in der Erinnerung, oder sie können sich an alltägliche Dinge nicht mehr erinnern. Das liegt daran, dass wir automatisch ablaufende Prozesse im Nervensystem durch das Upgrade tatsächlich verändern. Wir lösen verklebte Muster im Kopf, und dann passiert es gelegentlich, dass gewisse Dinge, die wir automatisch machen, mit gelöst werden. So kann es passieren, dass wir für eine kurze Phase keinen Zugang zu diesen automatischen Programmen haben. Das sollte dich nicht beunruhigen, sondern eher freuen. Denn es zeigt, dass dein System auf die Technik angesprochen hat.

Diese kleinen Ausfälle legen sich dann ohnehin meist nach drei Tagen. Aber auch wenn diese Blackouts nicht stattfinden, ist das in Ordnung. Es heißt nicht, dass dein DNA-Upgrade nicht erfolgreich war.

Insiderwissen

Wir kennen das alle: Von Zeit zu Zeit blinkt eine Anzeige auf unserem Laptop oder PC auf und weist uns darauf hin, dass eine Softwareaktualisierung nötig ist. Meistens hat man dann zwei Optionen: jetzt aktualisieren oder sich später erinnern lassen. Wenn wir mitten im Workflow sind und nicht gestört werden möchten, klicken wir auf »später erinnern«. Die Anzeige wiederholt sich Tag für Tag, und jeder von uns hat die Tendenz, sich zu denken: Ja, das mache ich dann schon irgendwann mal, aber jetzt habe ich keine Zeit dafür. Doch die Software muss ab und an auf den neuesten Stand der Entwicklungen gebracht werden. Andernfalls bleibt das System auf einem veralteten Stand und ist viel anfälliger für Viren. Es leuchtet uns also ein, dass diese Softwareaktualisierungen gemacht werden müssen, aber es wird dennoch vernachlässigt.

So ähnlich läuft es auch im menschlichen System ab. Körperliche Signale in Form von Müdigkeit, Schmerzen oder Verspannungen erreichen uns immer wieder. Meistens ignorieren wir das, lenken uns ab oder nehmen vielleicht sogar Medikamente, Drogen oder Alkohol zu uns, um das Signal zu unterdrücken. Dabei will uns der Körper nur sagen: Bitte, aktualisiere mich! Bring mich auf den neuesten Stand, lerne neue Gewohnheiten und Verhaltensweisen, ändere dein Leben!

Empower Yourself und insbesondere das DNA-Upgrade sind dann das, was der Körper braucht. Sie sind eine Softwareaktualisierung, die enorme Auswirkungen auf die Hardware haben. Wenn wir am PC eine Aktualisierung durchführen, benötigen wir das Internet, über das wir dann alle neuen Anpassungen und Programme herunterladen. Das Gleiche tun wir beim DNA-Upgrade, wenn wir uns mit der Quelle verbinden. Sie beinhaltet alles und somit auch alle Ressourcen und Informationen, die für unser optimales »Funktionieren« nötig sind. Ohne die Verbindung zur Quelle haben wir keinen Pool, von dem wir diese Energien nehmen könnten.

Beim DNA-Upgrade arbeiten wir mit Kommandos, und du solltest diese idealerweise laut aussprechen. Mittlerweile wissen wir, dass unsere Zellen, ja unsere DNA uns »zuhören«. Vieles von dem, was wir über die Macht unserer Gedanken und Worte wissen, haben wir dem Forscher Cleve Backster zu verdanken, der über die Kommunikation in pflanzlichen, tierischen und menschlichen Zellen forschte. Mehr oder weniger zufällig entdeckte er, dass Pflanzen mit gewissen messbaren Reaktionen auf Gedanken reagieren. Diese Verbindung zwischen Gedanken und Zellen nutzen wir hier ganz gezielt, um eine Veränderung zu erwirken. Wichtig ist dabei, dass du das, was du sagst, fühlst und wirklich versuchst nachzuempfinden. Backster hat herausgefunden, dass echte Gefühle eine stärkere Transformationswirkung auf unsere Zellen haben als solche, die nicht wirklich erlebt werden. Um die Gefühle intensiver hervorrufen zu können, empfehle ich dir, die Visualisierung im Upgrade mit voller Kraft und einer starken Intention durchzuführen.

Der goldene Schlüssel beim DNA-Upgrade ist Dankbarkeit. Damit schließen wir die Übung ab. Du gehst voll und ganz in das Gefühl, das da ist, wenn du dein Ziel bereits erreicht hast. Vielleicht kann es für dich hilfreich sein, dir vorzustellen, dass andere Menschen dich bewundern und dir zum Erreichen deines Ziels gratulieren. Lass dieses Ziel voll und ganz zur Realität werden. Dein Gehirn kann zwischen Realität und erdachter Realität nicht unterscheiden, und so beginnst du bereits, dein System darauf zu programmieren, dass das, was du erzielen möchtest, deine Realität ist.

Du kannst das DNA-Upgrade auch mit deinen Freunden oder Familienmitgliedern durchführen. Auch Kinder ab sechs Jahren machen gern mit. Für sie kann es eine große Hilfe sein, vor allem wenn sie vor Herausforderungen oder Prüfungen stehen.

Boost für dein Immunsystem und die Kraftwerke deiner Zellen

Wir hatten schon darüber gesprochen, dass dein Körper und du ein Bündnis eingehen sollten: Du bist dann wirklich für deinen Körper da und im Gegenzug ist dein Körper für dich da. Das allerdings tut er sowieso. Dein Körper ist sehr geduldig und verzeiht dir lange Zeit sehr viel. Du kannst ihn hintergehen, ihn mit falschen Gewohnheiten und unpassenden Lebensmitteln misshandeln, er wird dich dennoch tagein, tagaus durchs Leben tragen. Er ist dafür gemacht, dass er dich sogar durch Extremsituationen trägt – aber irgendwann wird seine Geduld mit dir am Ende sein, weil er einfach nicht mehr kann. Was dann?

Als ich in meiner Praxis noch Sitzungen gegeben habe, suchten mich vor allem schwerkranke Menschen auf, für die ich die letzte Rettung zu sein schien. Sie kamen zu mir, weil nichts mehr ging und die Medizin sie aufgegeben hatte. Häufig wurde mir die Frage gestellt, ob ich einen gewissen operativen Eingriff empfehlen würde oder nicht. Immer habe ich dann betont, dass ich dazu nichts sagen kann und auch nicht darf. Fakt ist aber: Wenn man zu lange gegen den Körper gearbeitet hat, muss man ihm endlich echte und direkte Unterstützung geben. Denn irgendwann ist Alarmstufe Rot. Der Körper weiß nicht mehr weiter.

Und jetzt kommt unser Immunsystem ins Spiel. Es sorgt nämlich dafür, dass wir trotz aller äußeren Einwirkungen – und das sind nicht nur Bakterien und Viren – gesund bleiben. Was aber, wenn das Immunsystem die ganze Zeit über Sonderschichten machen muss, weil wir ständig gegen den Körper und gegen die Naturgesetze handeln? Die meisten von uns haben ein komplett überreiztes Immunsystem, das die ganze Zeit über am Abfeuern und Verteidigen ist. Uns muss bewusst sein, dass wir zu einem Team mit unserem Immunsystem werden müssen, um die gesündeste Version unserer selbst leben zu können, die möglich ist.

Ich behaupte, dass fast 80 Prozent aller menschlichen körperlichen Leiden mit folgendem Herangehen geheilt werden könnten: genügend erholsamer Schlaf, natürliche Nahrung und gesunde Fette, ausreichend Bewegung mit hoher Intensität, Atemübungen und Meditation. Auf diesem Abschnitt von unserer *Empower-Yourself*-Reise wollen wir herausfinden, was du an Energie und Zeit investieren und deinem Körper und deiner Gesundheit zum Geschenk machen möchtest. Was bist du zu geben bereit, um dein Leben voller Energie, Gesundheit und Kraft zu leben? Wie kannst du es schaffen, die diszipliniertetste Version deiner selbst zu sein?

Für mich war Disziplin schon immer der kraftvollste Ausdruck von Selbstliebe. Wir alle wissen, was für uns gut wäre und was wir lieber vermeiden sollten. Ich werde dich daher auch nicht mit Dingen langweilen, die du in jedem Ratgeber nachlesen kannst. Ich möchte mit dir ein besonderes Wissen teilen, das ich durch meine eigene Erfahrung, aber auch durch die Arbeit mit Klienten und Schülern erlangt habe. Es sind einfache Dinge, die du sofort in deinem Alltag ändern kannst, um unmittelbar mehr Energie zu haben, dein Immunsystem zu stärken und dein ganzes System zu boosten. Bist du bereit?

Ultimative Gewohnheiten für mehr Energie, Immunität und Körperkraft

Intermittierendes Fasten

Das ist eigentlich kein Fasten, denn man isst weiterhin in einem bestimmten Rhythmus, nur mit dem Unterschied, dass man dem Körper mal eine Pause gönnt, während der man ihm keine Nahrung zuführt. Dadurch hält man das Altern auf, entschlackt, entgiftet und stärkt den gesamten Organismus. Wir werden alle ja fast schon mit Essen bombardiert. An jeder Straßenecke lockt irgendetwas, und meist nicht das Gesündeste. Für unsere Vorfahren war das keineswegs so, für sie gab es immer wieder Phasen, wo keine Nahrung zur Verfügung stand. Zudem hat Fasten in vielen Kulturen und auch im Yoga eine besondere Rolle inne, denn es sorgt nicht nur für mehr Gesundheit, sondern auch für geistige Ruhe und Entspannung.

Es gibt verschiedene Möglichkeiten, das intermittierende Fasten in den Alltag zu integrieren. Die Einfachste ist, dass du deine letzte Mahlzeit des Tages um etwa neunzehn Uhr zu dir nimmst und bis zum nächsten Tag um elf Uhr nichts Festes an Nahrung zu dir nimmst. Wasser ist natürlich erlaubt, Alkohol und zuckerhaltige Getränke oder Säfte sollten eher gemieden werden. Mit ihnen würdest du das Fasten unterbrechen. Du achtest also darauf, dass zwischen dem Abendessen und der ersten Mahlzeit am nächsten Tag sechzehn, achtzehn oder gar zwanzig Stunden liegen. Das wird zwangsläufig dazu führen, dass eine Mahlzeit des Tages ausfällt. Das kann eine Umstellung sein, und du solltest es unbedingt vermeiden, dich zu überessen, wenn du diese sechzehn bis zwanzig Stunden gefastet hast.

Wie und wie oft du eine solche Intervallfastenzeit machst, musst du selbst entscheiden. Ich empfehle dir, immer auf deinen Körper zu hören. Es spricht generell nichts dagegen, jeden Tag eine kleine Fastenzeit einzulegen. Natürlich hast du auch die Möglichkeit, dies nur ein- oder zweimal pro Woche zu machen oder mal als eine Kur für eine ganze Woche so zu handhaben. Es gibt kein Richtig oder Falsch, solange es sich für dich gut anfühlt und du ein Plus an Energie und Wohlgefühl wahrnehmen kannst.

Man hat herausgefunden, dass das intermittierende Fasten die hormonelle Balance stärkt und uns das gesunde und normale Hungergefühl wieder antrainiert. Wenn du dir unsicher bist, ob so etwas für dich infrage kommst, sprich mit deinem Arzt oder der Heilpraktikerin.

Bewegung bis an die persönliche Grenze

Wir wissen alle, dass Bewegung wichtig ist. Und ich werde jetzt nicht nur zu dir sagen, dass du dich täglich bewegen sollst, nein, ich sage sogar, du solltest dich täglich bis an deine persönliche Grenze bewegen. Sofern du gesund bist, solltest du täglich wirklich ins Schwitzen kommen, fühlen, wie dein Herz pumpt, wie deine Muskeln brennen und du eigentlich nicht mehr kannst. Am besten trainierst du jeden Tag einen anderen Körperbereich, damit sich der Rest erholen und regenerieren kann. In den vergangenen Jahren wurde hierzu sehr viel geforscht und ein High Intensity Training wurde sehr populär, weil es die schnellsten und besten Trainingseffekte herbeiführt. Dabei trainiert man in einer sehr hohen Intensität, aber nur für kurze Zeit. Meist in einem Intervall: Man macht für eine Minute eine sehr intensive Übung, erholt sich für eine Minute und kehrt zur Aktivität zurück – das Ganze für zehn bis zwanzig Minuten mit verschiedenen Übungen. Und mehr musst du eigentlich nicht tun, um körperlich fit zu bleiben. Du gibst deinem Körper damit das Signal, dass du ihn brauchst und dass er bitte nicht abbauen soll. »If you don't use it, you loose it«, also: »Was du nicht nutzt, wirst du verlieren.« Der Körper baut alles ab, was man nicht nutzt. Nicht nur an Muskelmasse, sondern auch an Dichte im Gewebe und in den Knochen. Das beeinflusst sogar unser Gehirn und unsere Hormone auf negative Art und Weise. Es kann ja auch nicht sein, dass unsere Körper, dieses hochkomplexe System, nur dafür da ist, dass wir ein wenig spazieren gehen und den Rest des Tages sitzen.

Ich würde dir empfehlen, zuerst eine Bestandsaufnahme zu machen: Wie viele Stunden am Tag sitzt du (beim Essen, im Büro, im Auto oder Zug, auf dem Sofa)? Wie viele Stunden des Tages bist du in Bewegung? Für die meisten Menschen ist das Resultat erschreckend, denn eigentlich »versitzen« sie ihr ganzes Leben. Doch wenn man den Schreck überwunden hat, kann man mit dem Training beginnen und sich jeden Tag ein bisschen steigern.

Natürliche Nahrung

Immer wieder kommen Menschen auf mich zu und sagen mit spürbarer Verzweiflung: »Ich weiß, was ich essen und was ich lieber nicht essen sollte. Aber ich kann meine Ernährung einfach nicht umstellen. Meine Willenskraft ist nicht stark genug. Ich schaffe es einfach nicht.« Sie haben schon so viel ausprobiert, aber sie konnten einfach nicht dranbleiben und fielen wieder in ihre alten Essgewohnheiten zurück. Es schien wie ein Fluch zu sein. Kennst du das auch?

Was, wenn ich dir sage, dass es wirklich einen Fluch in dieser Hinsicht gibt? Keinen magischen Fluch, der von irgendwelchen Zaubermeistern ins Leben gerufen wurde, sondern eine Art Fluch von der Industrie. Es geht ihnen nicht um deine Gesundheit, sondern darum, dass du die industriellen und künstlichen Fütterungsmittel (Lebensmittel will ich sie nicht nennen, denn da steckt kein bisschen Leben drin) kaufst, konsumierst und eine Sucht entwickelst. Es fließen Millionen in die Forschung, die herauszufinden versucht, welche chemischen Mittel dem Essen am effektivsten zugesetzt werden müssen, damit die Menschen danach süchtig werden.

Es kann sein, dass du bereits »verflucht« bist und es gar nicht weißt. Es scheint heutzutage einfach völlig normal zu sein, dass wir Bomben aus Zucker, Stärke, Gluten und chemischen Zusätzen zu uns nehmen. Gleichzeitig werden wir wie Zombies angeschaut, wenn wir irgendwo kundtun, dass wir auf gewisse Nahrungsmittel verzichten: »Wie, du isst keinen Käse und keine Nudeln?! Wieso? Was isst du denn dann?« Zu diskutieren hilft hier gar nicht. Wer die Verantwortung für seine Gesundheit übernimmt, der schaut, wie er essen muss, um sich wohlzufühlen. Die Süchtigmacher gehören dann nicht mehr auf seinen Speiseplan.

Du liest dieses Buch. Etwas in dir strebt also eindeutig nach Entwicklung und mehr Lebendigkeit. Du willst es also besser machen als die, die sich von Werbung und bunten Verpackungen in die Irre führen lassen. Der Konsum von Zucker, Weizen, Milch und der heute typischen chemischen Zusätze aktiviert und deaktiviert bestimmte Areale im Gehirn und führt zu einer Art Benebelung, vergleichbar durchaus mit den Effekten von Drogen. Zucker beispielsweise ist eine Art Droge, denn er hat die gleichen Auswirkungen auf unser Gehirn wie Heroin. Was aber ist es, was Kinder in der Pause am Schulkiosk für ein paar Euro kaufen können: Schokoriegel, die vollgepumpt sind mit Zucker. Wenn sie dann Anzeichen von Überaktivität und Konzentrationsschwäche aufzeigen, denkt keiner an die Überdosis von Zucker, die auch noch vom Frühstücksmüsli unterstützt wird, sondern daran, dass etwas mit dem Kind nicht stimmt. Das Kind wird zum Arzt geschickt, bekommt Medikamente verschrieben und lebt dann mit einer doppelten Überdosis an Drogen: Zucker und Medikamente.

Es geht mir nicht darum, die Kinder, die Eltern oder die Schule als Schuldige darzustellen. Es geht mir überhaupt nicht um Schuldzuweisungen, sondern darum, wie jeder Einzelne es schaffen kann, aus dieser unfreiwilligen Versklavung auszubrechen. Um für den Rest unseres Lebens bewusst kluge Ernährungsentscheidungen treffen zu können, müssen wir erst einmal diesen Fluch auflösen. In folgenden drei Schritten kannst du das schaffen:

1. Entrümpele deine Küche: Entferne alle Lebensmittel, die chemische Zusätze, raffinierten Zucker, Gluten, Weizen, Milch, Käse, Soja und/oder Erdnüsse beinhalten. Auch wenn diese Lebensmittel für niemanden gut sind, sollten wir noch nicht angebrochene Verpackungen nicht einfach wegschmeißen, sondern bedürftigen Menschen zur Verfügung stellen. Bring sie also zu entsprechenden Stellen. Es kann sein, dass es in deiner Küche nach dieser Entrümpelungsaktion ziemlich leer aussieht. Das erleichtert das Reinigen – und genau das solltest du nun tun. Bring die Regale und Fächer zum Leuchten. Spür dabei, wie sich ein neuer Raum eröffnet, nicht nur in deiner Küche, sondern auch in deinen Gewohnheiten. Das kann sehr kraftvoll sein.

Nachdem du deine Küche entrümpelt hast, setz dich bequem hin und schließ deine Augen. Geh wie bereits geübt in den Gammazustand und die Quellverbindung. Lass deine Augen nach oben gerollt und sprich dreimal laut aus: »Ich nehme mir jetzt den freien Raum für neue Gewohnheiten, neue Gedanken und Gefühle. Ich öffne mich für einen Lifestyle, der meiner Gesundheit und Vitalität dienlich ist. Jetzt. Jetzt. Jetzt.«

2. Detox: Für einundzwanzig Tage wirst du nun auf folgende Lebensmittel komplett verzichten: **raffinierter Zucker, Weizen und andere glutenhaltige Getreide wie Dinkel** (dazu zählen insbesondere Nudeln und Brot; es gibt in den Bioläden wundervolle Alternativen wie Buchweizen-, Linsen-, Kichererbsen- und Reisnudeln und auch weizen- und glutenfreies Brot), **Milchprodukte** (dazu zählen natürlich auch Käse und Joghurt; was du statt Milch verwenden kannst, sind zum Beispiel Hafer-, Mandel-, Dinkel- oder Reismilch; achte bei diesen Produkten darauf, dass kein Zucker zugesetzt ist), **Fertiggerichte**

und möglichst alles, was von der Industrie intensiv verarbeitet wurde. Stattdessen bereitest du dir deine Mahlzeiten frisch zu und kreierst dabei auch leckere Sachen zum Mitnehmen ins Büro. Vor allem isst du viel frisches Gemüse und Obst, Nüsse und Samen, Reis, Quinoa, Buchweizen und so weiter. Sei experimentierfreudig. Probiere neue Dinge aus. Kombiniere Lebensmittel miteinander und erspüre für dich, was dir schmeckt und was dir guttut. In meinem persönlichen Speiseplan gibt es zum Beispiel sehr viel Linsen, Kichererbsen, Pilze und auch ab und zu Eier. Früher habe ich manchmal Fisch gegessen, aber seit die Schwermetallwerte angestiegen sind und ich spüre, dass er mir nicht mehr guttut, nehme ich ihn nicht mehr zu mir. Je mehr ich mich mit Ernährung beschäftige, desto klarer wird mir, dass es auch darum geht, die richtige Menge an Nahrungsmitteln zu essen. Denn meist tendieren wir dazu, zu viel zu essen, was auch dazu führen kann, dass wir das Gefühl für die richtige Qualität und Beschaffenheit des Essens verlieren.

Du solltest für einundzwanzig Tage wirklich komplett auf die genannten Lebensmittel verzichten. Die ersten zehn Tage sind enorm wichtig. Solltest du beispielsweise an Tag fünf »sündigen«, würdest du von vorn beginnen. Die einundzwanzig Tage verlängern sich dann für dich. Falls du nach dem zehnten Tag sündigst, ist das okay, und du solltest nicht zu streng mit dir sein. Halte dich einfach am nächsten Tag wieder an die Vorgaben.

Es mag sein, dass Tag eins und zwei intensiv sind. Vielleicht hast du sogar Kopfschmerzen oder fühlst dich schlapp. Das ist ganz normal. Dein Körper ist auf Entzug und versteht erst einmal nicht, was los ist. Gleichzeitig beginnt er, sich von den Strapazen zu erholen und die Entzündungen zu heilen, die die zuvor mehr oder weniger schlechte Ernährung nach sich zog. Achte darauf, dass du genügend stilles hochwertiges Wasser zu dir nimmst. Und spüre intensiv die Vorfreude auf ein Leben in Freiheit und Gesundheit.

3. Hör auf deinen Körper: Bereits nach drei Tagen deiner Ernährungsumstellung wirst du einen Unterschied merken: Du fühlst dich leichter, schläfst besser, wachst leichter auf und hast mehr Wachheit und Klarheit im Kopf. Gleichzeitig hast du weniger Hunger, und wenn du isst, dann automatisch langsamer, du schmeckst und genießt mehr. Du hörst auf zu essen, wenn du satt bist, und behandelst deinen Körper nicht mehr wie einen Mülleimer. Dein Körper hat sich neu auf seine natürlichen Bedürfnisse eingestellt – achte darauf, sie ab jetzt immer wahrzunehmen und zu achten.

Der ganze Vorgang braucht Zeit und Energie. Die aber solltest du dir wert sein. Wenn es dein Ziel ist, das Maximum an Freude, Lebendigkeit, Erfolg und Liebe in dein Leben einzuladen, brauchst du dafür unbedingt deinen Körper. Deinen gesunden Körper.

Die Kraft im Atem

Er begleitet uns tagein, tagaus und ist unsere Verbindung zu unserem Körper und zur Welt um uns her. Natürlich kann die Wissenschaft erklären, wie Atem funktioniert, aber so wirklich verstehen können wir ihn nicht. Die alten indischen Seher waren fasziniert vom Atem und erforschten ihn im Selbststudium. Sie beobachteten die Zusammenhänge zwischen Atem und Bewusstsein und erkannten, dass der Atem unsere

Verbindung zur Energie ist. Das Wort für »Atem« kommt aus dem Sanskrit, der Gelehrtensprache des alten Indien, und bedeutet letztlich das Gleiche wie »Energie«.

Ich studiere seit über sechzehn Jahren Yoga, und es gibt keinen Tag, an dem ich nicht Asanas oder Atemübungen praktiziere. Je tiefer ich in die Yogawelt eintauche, desto deutlicher wird mir, wieso Atem und Lebensenergie so eng verknüpft sind. Wir nehmen über unsere Atmung die kosmische Energie in uns auf, transformieren sie und nutzen sie in unserem System. Ohne Atem geht nichts. Du könntest ohne Essen und Trinken für ein paar Tage überleben, aber ohne Atmung nicht mal für ein paar Minuten.

Wieso ist die Atmung in unserer modernen Welt so eine Nebensache geworden? Weil wir nicht die Ruhe, die Muße und auch oftmals nicht die Zeit haben, uns auf so etwas Subtiles wie den Atem einzulassen. Und wieso denn auch? Er läuft von allein, da muss man nichts tun.

Was aber, wenn wir den automatischen Atmungsprozess in einen bewussten verwandeln und dadurch beginnen könnten, aktiv Energie aufzunehmen? Bewusst atmen ist eine Form von Lichtnahrung. So wie Superman seine unzerstörbare Kraft vom Sonnenlicht bezieht, kann es auch für uns möglich sein, unser Energielevel enorm anzuheben. Es wäre sehr unlogisch, auf unserer *Empower-Yourself*-Reise nicht auch den Atem einzusetzen, vor allem wenn es darum geht, körperliche Widerstandsfähigkeit und Power zu bekommen.

Ich möchte dir hier drei Atemübungen zeigen, die dir bei regelmäßiger Praxis helfen, bewusster zu atmen, deinen Energiehaushalt zu stabilisieren und kontinuierlich widerstandsfähiger, stärker und gesünder zu werden.

1. Die natürliche Atmung

Diese Atemtechnik ist simpel, aber sehr effektiv. Sie hat eine beruhigende Wirkung auf das gesamte Nervensystem, verbindet uns mit der Intuition und unserem Ressourcen-Portal. Gleichzeitig ist sie die wichtigste Übung für das Atembewusstsein.

Leg dich dazu flach auf eine Matte oder den Teppich, ohne Kissen unter dem Kopf oder dergleichen. Lass die Füße etwa hüftbreit geöffnet, sie kippen ganz natürlich nach außen. Die Arme liegen etwas abseits vom Körper auf dem Boden. Schließ die Augen und atme über die Nase ein und aus. Versuch, deinen Bauch beim Einatmen komplett mit dem Atem zu füllen und den Bauchnabel beim Ausatmen weit nach unten in Richtung Wirbelsäule sinken zu lassen. Dabei sollte der Brustkorb möglichst ruhig sein. Am Anfang kann dir das schwerfallen. Aber gib nicht auf, es wird mit jedem Mal besser gehen. Vielleicht möchtest du eine Hand auf dem Bauch und eine auf der Mitte der Brust ablegen, um die Atembewegungen im Körper besser spüren zu können.

Die Atemenergie beherrschen

Es müsste doch möglich sein, über den Atem Energie an ganz bestimmte Orte im Körper zu lenken, oder? In der Tat, das funktioniert. Trainieren wir also die Fähigkeit, Atmung und Energie bewusst einzusetzen.

Komm dafür in eine bequeme, aufrechte Position im Sitzen. Vielleicht auf einem Stuhl oder auf einem Sitzkissen am Boden. Wenn du dich für den Stuhl entscheidest, achte bitte darauf, dass du dich nicht anlehnst, sondern an die vordere Kante der Sitzfläche rutschst und die Wirbelsäule nach oben bis zum

Scheitel hin verlängerst. Auf einem Kissen kannst du die Beine im Schneidersitz überkreuzen oder im Fersensitz das Kissen zwischen deinen Beinen unterhalb des Gesäßes platzieren.

Schließ die Augen, entspann dich für einen Moment und beobachte deinen Atem. Geh dann in deinem Tempo folgende Atem-Challenges durch:

Versuch, für ein paar Atemzüge nur durch dein linkes Nasenloch zu atmen.

Versuch, eine Zeit lang nur durch dein rechtes Nasenloch zu atmen.

1. Versuch, nur in deinen rechten Lungenflügel zu atmen.
2. Versuch, nur in deinen linken Lungenflügel zu atmen.
3. Atme nur in den unteren Rücken.
4. Atme nur in den mittleren Bereich des Rückens.
5. Atme nur zwischen deine Schulterblätter.
6. Atme nur in deine Leber.

Nimm dann ein paar ganz entspannte, freie Atemzüge, ohne den Atem zu verändern, und komm in deinem eigenen Tempo wieder in den Alltag.

Hast du spüren können, wie sich an den Stellen deines Körpers, in die du atmest, ein leichtes Heben und Senken einstellt und vielleicht sogar Phänomene wie Wärme oder Kribbeln? Sogar in der Leber? Dort wirst du es vielleicht nicht auf Anhieb fühlen können, doch es passiert etwas. Diese Atemweise kannst du bei jedem beliebigen Organ oder Körperteil nutzen, das du mit Heilenergie versorgen möchtest.

Es geht bei diesem Training nicht vordergründig um Selbstheilung. Es geht darum, dass du spürst, dass nicht der Atem dich beherrscht, sondern auch du deinen Atem beherrschen kannst. Du erlangst allmählich Zugang zu den unbewusst ablaufenden Prozessen im Körper. Das ist wie ein Signal an deinen Organismus, das sagt: Ich bin für dich da, wir arbeiten jetzt als Team. Gleichzeitig trittst du ein in die Welt unbegrenzter Möglichkeiten, deinen Körper zu fühlen.

3. Vertiefung des Atems

Die dritte Atemtechnik soll dir dabei helfen, dein Atemvolumen zu erweitern, und dich darin trainieren, deine Lugen bei jedem Atemzug mit mehr Atemenergie zu füllen. Dafür setzt du dich wieder aufrecht hin, du kannst aber auch gern im Stehen üben. Bring deine Arme in die Form eines Kaktus neben den Körper: Arme anheben bis auf Schulterhöhe, anwinkeln und die Handinnenflächen nach vorn ausrichten.

Nun versuch, über deine Nase so tief und so schnell wie möglich ein- und wieder auszuatmen. Es ist wichtiger, dass der Atem tief ist als schnell, aber wenn du dich gut dabei fühlst, versuch, beides zu kombinieren. Während du ausatmest, führst du deine Ellenbogen nach unten zu den Körperseiten, während deine Hände nach außen gerichtet bleiben. Beim Einatmen gehen die Arme wieder in die Kaktusform zurück. Steigere dich im Üben jedes Mal um eine zusätzliche Minute. Wenn du ein schnelles Tempo hast, kann es sein, dass du bereits nach einer Minute nicht mehr kannst. Das wird sich rapide ändern, wenn du immer wieder übst.

Gut geschlafen?

Wie häufig passiert es, dass du auf diese Frage mit Nein oder »eher schlecht« antworten müsstest? Falls es oft ist, vielleicht sogar drei- oder fünfmal oder noch öfter in der Woche, solltest du unbedingt etwas für einen besseren und tieferen Schlaf tun. Fehlt ausreichend tiefer und erholsamer Schlaf, haben wir auch nicht genug Energie für den Tag. Es gibt viele Menschen, die einen mangelhaften Schlaf, der keine oder zu kurze Tiefschlafphasen aufweist, wunderbar kompensieren können: mithilfe von Kaffee und Zucker. Wenn sie gegenüber diesen Mitteln »immun« werden und sie nichts mehr bringen, kommen oft andere Suchtmittel zum Einsatz. Dann fühlen sie sich kurzzeitig lebendig, aber der Körper leidet.

Zum Beispiel habe ich einmal mit einem Mann gearbeitet, der, obwohl er seinen Worten nach glücklich verheiratet war, jeden Mittag mit seiner Sekretärin Sex hatte. Er sagte, dass er das eigentlich gar nicht wolle, aber dieser Sex gäbe ihm ein Gefühl von Lebendigkeit, das er anders nicht hervorrufen könne. Er wollte etwas ändern, und so stellten wir viele Dinge in seinem Leben um, unter anderem optimierten wir seinen Schlaf. Nach einer Woche erhielt ich bereits eine positive Rückmeldung. Er fühlte sich erholter, ruhiger und zentrierter und hatte tiefe Einsichten gewonnen. Nun konnte er beginnen, sein Beziehungsleben in Ordnung zu bringen, was aus dem vorherigen Energiedefizit heraus nicht möglich gewesen wäre.

Was also verhilft dazu, gut zu schlafen und sich morgens erfrischt und ausgeruht zu fühlen?

1. Nicht mit vollem Bauch ins Bett

Nach dem Ayurveda, der Wissenschaft des Lebens aus dem alten Indien, sollte man um achtzehn, spätestens neunzehn Uhr die letzte Mahlzeit gegessen haben – eine warme und leicht verdauliche Speise. Gegen zweiundzwanzig Uhr bereits sollte man im Bett liegen, denn zwischen zweiundzwanzig Uhr und Mitternacht wird das Regenerationsfeuer in uns aktiv, das dafür sorgt, dass sich der Körper aufladen und erneuern kann. Falls wir erst um einundzwanzig Uhr essen, wird dieses Feuer, das eigentlich für die Regeneration bestimmt ist, für die Verdauung eingesetzt. Dann blieben Regeneration und Erholung auf der Strecke.

2. Im Rhythmus der Natur

Stell dir vor, dass du ein paar Tage irgendwo in der Natur im Freien verbringst. Komplett abgeschieden von jeglicher Zivilisation, völlig im Einklang mit den Naturkräften um dich herum. Erst dann würdest du wahrscheinlich merken, was für eine Magie vom natürlichen Rhythmus des Tages ausgeht. Wenn die Sonne am Abend untergeht und es um dich herum still und friedvoll wird, würdest auch du in diesen inneren Zustand der Ruhe und des Friedens einkehren. Du würdest am nächsten Morgen von den ersten Sonnenstrahlen sanft geweckt werden und wärst komplett gelöst von der Uhrzeit und dem Druck, den Uhren in uns heute auslösen.

Aber wir leben nun einmal nicht in der Natur, überall scheint die Zeit uns aufzulauern. Dennoch können wir es schaffen, uns auf den natürlichen Rhythmus einzuschwingen. Folgende Strategien können dir dabei behilflich sein:

- Vermeide künstliches Licht, wann immer es geht. Vor allem am Abend ist das wichtig. Wenn du vor dem Zubettbehen noch Licht benötigst, nutze Kerzen oder Lichtfarben, die einer rötlichen Abenddämmerung gleichen.
- Vermeide mindestens zwei Stunden vor dem Insbettgehen die Strahlungen von Fernsehern, Bildschirmen, Handys und Tablets.
- Dunkle dein Schlafzimmer so weit wie möglich ab.
- Verbanne den Wecker, elektrische Geräte und den Fernseher aus deinem Schlafzimmer. Wenn du etwas brauchst, um wach zu werden, könntest du ein sanftes blaues Licht, das automatisch zu deiner Aufwachzeit angeht, wählen.
- Wenn die Sonne untergegangen ist, solltest du alle Aktivitäten, die dein System aktivieren oder reizen könnten, vermeiden. Dazu zählen vor allem Sport und die Verarbeitung von aufwühlenden oder irritierenden Inhalten aus Büchern, Zeitungen oder Filmen.
- Erschaffe dir Abendrituale, die dich in einen Raum der Ruhe, des Friedens und der inneren Einkehr führen.

3. Was dein Schlaf von dir benötigt

Eigentlich kann man bereits über den Tag hinweg sagen, wie der Schlaf ausfallen wird. Bewegungsmangel, zu wenig frische Luft und eine zu geringe Flüssigkeitszunahme haben eine negative Wirkung auf die Schlafqualität. Wenn wir es nicht schaffen, diese Faktoren zu optimieren, können wir auch nicht von unserem Schlaf einfordern, dass er tief und erholsam sein wird. Dein Schlaf braucht Kooperationsbereitschaft, und die kannst du unter Beweis stellen, indem du ab sofort beginnst, dich mindesten dreißig Minuten am Tag intensiv zu bewegen, immer wieder draußen frische Luft zu tanken und genügend stilles Wasser zu trinken. Wenn du morgens beim Aufwachen einen trockenen Mund hast, trinkst du zu wenig.

Power für die Mitochondrien

Es hat sich in den letzten Jahren eine ganz neue Medizinsparte herausgebildet: die Mitochondrien-Medizin oder Mitochondrien-Therapie. Mitochondrien sind die Kraftwerke unserer Zellen. Sie bestimmen darüber, wie viel Treibstoff unserem Organismus zur Verfügung steht. Sie entscheiden darüber, wie gut wir funktionieren oder eben nicht. Unsere moderne Lebensweise mit den vielen Stressfaktoren und der hohen Umweltbelastung macht es den Mitochondrien nicht immer leicht. Umso wichtiger ist es für jeden Einzelnen, sie zu unterstützen. Das Gute ist: Genau die Strategien, die ich dir in diesem Kapitel vorgestellt habe, werden zwangsläufig dazu führen, dass es auch deinen Mitochondrien und somit deinem Energiehaushalt besser geht.

Die Zeiten sind definitiv vorbei, in denen du deine Gesundheit dem Zufall oder den Ärzten überlassen konntest. Jetzt geht es darum, für dich und deine Gesundheit einzustehen und für deinen Körper aktiv zu werden. Wenn du es nicht tust, tut es keiner! Also, vergeude keinen weiteren Tag mit alten Gewohnheiten, von denen du weißt, dass sie nicht gut für dich sind. Erobere dir deine Gesundheit und dein Leben zurück. Folge dem Weckruf, den dir dein Körper und deine Seele geben. Ohne einen kraftvollen Körper und eine gute Gesundheit kannst du keinen energetischen Abdruck der Liebe und Heilung auf der Erde hinterlassen. Das aber sollte es dir wert sein.

Die Ebene der Seele:
Deine energetische Signatur

Es war einmal ein kleiner Junge. Der lebte zusammen mit seinen Eltern und seinen sechs Geschwistern in einer Zeit der Umbrüche, inneren Krisen und Turbulenzen in einer kleinasiatischen Stadt. Er vergötterte seinen Vater. Der war Journalist für eine Zeitung, ein ehrenvoller, eleganter Mann mit einer Ausstrahlung, die von innerer Größe zeugte. Er reiste viel, und der Junge vermisste seinen Vater oft. Immer, wenn der Vater dann doch mal daheim war, klammerte sich der Junge abends an seinen Rücken, sog seinen Geruch und die Wärme seines Körpers auf, lauschte seinem Atem und war einfach glücklich, dass es ihn gab.

Eines Tages lag er mal wieder am Rücken seines Vaters. Doch irgendetwas war dieses Mal anders. Der Körper fühlte sich nicht mehr so warm an. Der Atem stockte immer wieder. Der Junge wollte es nicht wahrhaben, und doch wusste er, dass das Leben aus dem Körper seines Vaters entwich. An diesem Abend starb der Vater auch tatsächlich in den Armen seines Sohnes. Nichts hätte den Jungen mehr treffen können als dieser Verlust. Aber da war etwas, was von seinem Vater in ihm weiterleben würde: die innere Größe und die Zuversicht in das Leben.

Es verstrich keine lange Zeit, und der älteste Bruder, der nun für die Familie zu sorgen hatte, ertrank im Meer. Die Mutter des Jungen stand nun komplett allein da mit fünf Kindern, die alle noch ganz auf sie angewiesen waren. Der Älteste der Familie war nun unser Junge, obwohl er erst neun war. Die Mutter schickte ihn alle paar Tage zu einem wohlhabenden Onkel, um von ihm Geld für die Familie zu erbitten. Doch jedes Mal bekam der Junge Prügel und musste sich Beschimpfungen anhören. (Später als erwachsener Mann würde er diesem mittlerweile schwerkranken Onkel eine gute medizinische Versorgung ermöglichen. Denn er würde eine bittende Hand nicht zurückweisen.)

Nun aber machte sich der Junge selbst an die Arbeit, um Geld zu verdienen. Er machte alle Arbeiten, die man ihm gab. Er half hier und dort aus, verkaufte Zeitungen und tat alles, um der hungrigen Familie abends etwas Brot, ein paar Oliven und vielleicht ein Stück Käse bringen zu können. Am Tisch wartete er, bis alle satt waren. Meist blieb nicht viel oder fast nichts für ihn übrig. Dann lag er im Bett und betete voller Inbrunst zu Gott, dass er doch bitte dafür sorgen solle, dass er ganz schnell einschläft, um das Knurren seines Magens und die Hungerkrämpfe nicht mehr spüren zu müssen. So verstrichen die Jahre. Aus dem kleinen Jungen wurde ein Jugendlicher, später ein erwachsener Mann und auch ein Vater. Mein Vater.

Wieso erzähle ich dir diese Geschichte? Sie soll dir aufzeigen, was es heißt, eine Vision, einen Seelenkodex, ein Chi-Feld zu besitzen und wie all das unser Wesen und Sein formt. Durch das ganze Leben hindurch. Mein Vater erzählte mir, dass er als kleiner Junge in sich immer eine bestimmte Größe, Demut, eine geradezu königliche Würde und Sicherheit spürte, die er sich nicht erklären konnte. Er hatte das von niemandem gelernt. Aber es war immer da und begleitete ihn auch durch seine dunkelsten Stunden und seinen größten Schmerz. Es waren Qualitäten und Energien, die seinen Seelenkodex speisten, sein Chi-Feld belebten und es ihm ermöglichten, seine Vision zu leben.

Das Bewusstsein weit werden lassen

Wir haben mittlerweile auf unserer gemeinsamen *Empower-Yourself*-Reise über Energie, Bewusstsein und die Kraft aus deinem Inneren gesprochen. Jetzt möchte ich mit dir noch weiter in die »Welt des Unfassbaren« vordringen. Wir Menschen haben ja die Tendenz, die Dinge, die wir nicht mit unserem physischen Augen sehen können, als nicht existent abzutun. Aber wir wissen alle, dass viele Dinge, die wir nicht sehen, dennoch existieren. Beispielsweise können wir mit unseren Augen kein infrarotes Licht sehen, dennoch ist es da. Wir können auch Gerüche oder Geräusche nicht sehen, aber sie haben eine Wirkung auf unsere Psyche und unsere Gefühlswelt. Wir können die Liebe, die zwischen zwei Menschen hin- und herströmt nicht sehen, und dennoch ist sie so real wie das Leben selbst. Man kann die Seele eines Menschen nicht sehen und auch nicht, mit welchen seelischen Qualitäten ein Baby auf die Welt kommt – und doch sind diese Dinge da und bestimmend für das Leben.

Wenn wir etwas nicht greifen, nicht sehen und nicht verstehen können, reagieren wir oft auf zwei Arten darauf: mit Angst und/oder mit Ablehnung, die sich bis hin zu Wut und

Aggression steigern kann. Eine angstbesetzte Reaktion auf Dinge, die wir nicht verstehen können, ist absolut nachvollziehbar. Denn wenn wir etwas nicht verstehen, wissen wir auch nicht, ob es gefährlich ist. Wut und starke Ablehnung kommen vor allem dann dazu, wenn man merkt, dass das, was als real behauptet wird, eigene Überzeugungen, Philosophien und Ansichten infrage stellen könnte und vielleicht sogar beweisen würde, dass man selbst sehr lange falsch gelegen hat. Dann ist es der einfachste Weg, das Ganze schlecht zu machen und ins Lächerliche zu ziehen. Glaub mir, ich bin mittlerweile Expertin darin, wie Menschen reagieren, wenn sie auf etwas treffen, was sie nicht verstehen können oder wollen. Ich bewege mich fast ausschließlich auf den Gebieten des »Unfassbaren« und ich liebe es. Ich liebe auch diese Zweifler, denn sie stellen mich jedes Mal vor die Herausforderung, ihnen zu helfen, ihr Bewusstsein auszudehnen. Und genau darum geht es jetzt auch hier auf unserem *Empower-Yourself*-Weg: um ein Bewusstseinsstretching.

Viele Menschen verbringen ihr gesamtes Leben in einem Modus der Verteidigung: Sie verteidigen ihr Wissen, ihre Erfahrungen und ihre Vergangenheit und erlauben nicht, dass andere Ansichten und Philosophien Zugang zu ihrem System finden. Denn sie könnten ja der Beweis dafür sein, dass sie selbst falsch gelegen haben. Dieser innere Verteidigungsmechanismus kann jemanden sehr erfolgreich davor schützen, sich seelisch und spirituell zu entwickeln. Egal, inwieweit du dich hierin wiedererkennst: Mit der folgenden Meditation wollen wir die Fähigkeit trainieren, sich zu inspirieren und für die unfassbare Welt zu öffnen. Das ist ein Schlüsselelement für die spirituelle Entfaltung.

Challenge No. 13: Bewusstseinsstretching – Aufbrechen der Mind Walls

Hol dein Notizbuch hervor und notiere dir drei Dinge, die dir unmöglich erscheinen. Das könnte zum Beispiel das Fliegen sein oder das Hochlaufen an Wänden. Es können auch Dinge sein, die für andere möglich sind, für dich aber momentan nicht, Bungee-Jumping vielleicht.

Nun notiere dir drei weitere »Unmöglichkeiten«, die einen Wunsch für dich darstellen. Ich zum Beispiel würde mir wünschen, Nostradamus, den französischen Seher des 16. Jahrhunderts, zu treffen. Natürlich geht das nicht, weil er nicht mehr lebt und ich nicht durch die Zeit reisen kann. Was wünschst du dir, auch wenn du weißt, dass es wohl nicht real werden wird?

Und jetzt kommen wir zum wichtigsten Teil dieser Übung. Was genau bedeutet für dich »unmöglich«? Hier ein paar mögliche Sätze, die du formulieren könntest:

- Für mich ist etwas unmöglich, wenn es vorher kein anderer Mensch geschafft hat.
- Für mich ist etwas unmöglich, wenn es mit dem Verstand nicht begriffen werden kann.
- Für mich ist etwas unmöglich, wenn es mein Leben oder meine Gesundheit gefährdet.
- Für mich ist etwas unmöglich, …

Versuche, so viele Sätze wie möglich zu formulieren, und geh dabei wirklich in dich. Frag dich, welche Kriterien es für dich ausmachen, dass du etwas für unmöglich hältst.

Nun begib dich in eine bequeme Sitzposition, lass dein Notizbuch in deiner Nähe aufgeschlagen liegen und schließ deine Augen. Nimm ein paar tiefe Atemzüge durch die Nase und entspann dich. Stell dir vor, dass die Farbe Blau durch deinen Körper fließt und dich noch tiefer entspannt. Auch in deinen Kopf fließt das Blau. Dort verwandelt es sich in das Blau eines wolkenleeren Nachthimmels, der übersät ist mit Sternen. Roll jetzt deine Augen nach oben und blick in die Mitte deines Kopfes. Stell dir vor, dass genau dort im Universum innerhalb deines Schädels der volle Mond zu sehen ist. Versuche, ihn dir so gut wie möglich vorzustellen, und geh ganz in dieses Gefühl, dass dein Bewusstsein nicht auf die Größe deines Kopfes begrenzt ist, sondern grenzenlos. Kein Gedanke, der durch dein Bewusstsein wandert, vermag es einzugrenzen.

Nun sprich innerlich oder laut insgesamt dreimal: »Mein Bewusstsein ist offen und frei. Mein Bewusstsein kann alles enthalten, ohne davon eingegrenzt zu werden. Es liegt in der Natur meines Bewusstseins, grenzenlos, offen und frei zu sein. Diese Natur akzeptiere, akzeptiere, akzeptiere ich jetzt. Alles, was dieser Natur nicht entspricht, lasse, lasse, lasse ich jetzt los.«

Nimm mit geschlossenen Augen ein paar tiefe Atemzüge und fokussiere dich wieder auf den Vollmond in der Mitte deines Kopfes. Nun denk an die drei Dinge, die du dir als Erstes notiert hattest: Dinge, die für dich unmöglich sind. Frag dich, wie es wäre, wenn sie doch möglich wären. Beobachte dabei deine Gedanken und wie viele nun aufkommen, die widerlegen wollen, dass es möglich sein könnte.

Mach dann genau das Gleiche mit den drei Unmöglichkeiten, die einen Wunsch für dich darstellen. Fantasiere einfach und stell dir vor, wie es wäre, wenn diese Dinge tatsächlich passieren würden. Registriere auch hier wieder die Kontra-Gedanken.

Nimm dann erneut ein paar tiefe Atemzüge und spüre in das Universum hinein, das in deinem Kopf liegt. Ist es jetzt sogar noch größer und weiter geworden?

Nun schau dir zum Schluss noch deine Unmöglichkeitssätze an. Geh jeden einzelnen Satz durch und formuliere ihn in eine Möglichkeit um. Halte das am besten gleich schriftlich fest. Wenn dein Satz zum Beispiel ursprünglich lautete: »Für mich ist etwas unmöglich, wenn es vorher kein anderer Mensch geschafft hat«, heißt der neue Möglichkeitssatz: »Auch wenn es vorher kein anderer Mensch geschafft hat, halte ich es für möglich.«

Schließ nun erneut die Augen. Roll sie wieder nach oben, sieh den Vollmond in der Mitte deines Kopfes und stell dir vor, dass er durchsichtig wird und du direkt in ihn hineinblicken kannst. Du siehst in dem Mond ein grenzenloses Universum, und auch dort gibt es einen hellen Fleck, einen Stern. Auch er ist durchsichtig, du blickst hinein und siehst in diesem Stern wieder das gesamte Universum. Spiel das Spiel weiter, soweit es nur geht. Dein Bewusstsein implodiert dabei in grenzenlose Dimensionen hinein.

Wenn du die Übung beenden möchtest, fokussierst du dich einfach wieder auf deinen Mond in der Mitte des Kopfes, von wo aus alles begonnen hat, und kehrst in deinem eigenen Tempo zurück in den Alltag.

Die Challenge *Bewusstseinsstretching* in Kurzfassung

- Schreib drei Dinge auf, die dir auf den ersten Blick unmöglich erscheinen.
- Schreib drei Dinge auf, die du dir wünschst, auch wenn sie dir unmöglich scheinen.
- Notiere, warum dir bestimmte Dinge unmöglich vorkommen.
- Entspann dich und lass die Farbe Blau in deinen Körper und deinen Kopf fließen. Lass es in deinem Kopf zu einem intensiven Nachtblau werden. Roll die Augen nach oben und erblicke in deinem Kopf das Universum und den vollen Mond.
- Sprich dreimal: »Mein Bewusstsein ist offen und frei. Mein Bewusstsein kann alles enthalten, ohne davon eingegrenzt zu werden. Es liegt in der Natur meines Bewusstseins, grenzenlos, offen und frei zu sein. Diese Natur akzeptiere, akzeptiere, akzeptiere ich jetzt. Alles, was dieser Natur nicht entspricht, lasse, lasse, lasse ich jetzt los.«
- Geh dann die ersten drei und die weiteren drei Unmöglichkeiten durch und stell dir vor, dass sie doch möglich wären.
- Geh deine Sätze durch, warum dir etwas unmöglich erscheint, und kehre sie in die jeweils gegenteilige Aussage um.
- Sieh wieder den Mond in deinem Kopf und darin einen Stern, in dem wieder das ganze Universum und ein Stern ist, in dem wieder das ganze Universum und

ein Stern ist, in dem wieder … Geh hier soweit, wie es dir möglich ist.

- Komm zurück zu dem Mond in deinem Kopf und dann in den Alltag.

Insiderwissen

Es kann sein, dass du dich nach dieser Übung etwas orientierungslos fühlst, vielleicht sogar verwirrt. Das ist beabsichtigt. Denn wir lockern die Wände in deinem Bewusstsein auf, die sogenannten Mind Walls, die sich im Laufe deines Lebens aufgebaut haben und es dir nicht ermöglichen, weiter zu denken und weiter zu »sehen«. Das Aufbrechen dieser Wände kann zu Umstrukturierungen in deiner Wahrnehmung und deinem Nervensystem führen. Vor allem steigert es das Ausmaß, in dem du dein Hirnpotenzial nutzen kannst.

Könnte es sein, dass unser Bewusstsein einen Filter über unsere Wahrnehmung legt und wir nur das bemerken können, was wir kennen oder wovon wir glauben, dass es existiert? Es stimmt, wir sehen die Dinge nicht so, wie sie sind, sondern so, wie unser Bewusstsein sie uns zeigt. Und könnte es sein – wie die Arbeiten Albert Einsteins und vieler Forscher nach ihm nahelegen –, dass Raum und Zeit so stark miteinander verwoben sind, dass sich eine weitere Dimension innerhalb dieser Raumzeit versteckt und für uns nicht zugänglich ist? Stell dir ein gefaltetes T-Shirt vor. Wenn wir von oben oder von vorn daraufblicken, könnten wir denken, dass es keine weiteren Schichten und Faltungen gibt, sondern nur dieses Stück rechteckigen Stoff. Eine gesamte Welt bliebe uns dann verborgen, weil wir sie nicht sehen können. Genau so könnte es auch mit unserer Realität sein. Einfach ausgedrückt: Zeit und Raum krümmen sich an gewissen Stellen so stark, dass eine komplett andere Welt für uns einfach nicht sichtbar wird, obwohl sie existent und zum Greifen nahe ist. Und was, wenn dies die Welt der Seele, des Chi-Feldes, des Spirits wäre?

Zu den Dingen, die wir nicht sehen und auch nicht so einfach anders wahrnehmen können, zählt auch die energetische Signatur. Zu ihr gehören deine Vision und dein Seelenplan, dein Seelen- und Lebenscodex, dein Chi-Feld und deine Gesamtschwingung. All das bestimmt über die energetischen Signale, die du als Seele aussendest und die stark auf die Verwirklichung deiner Bestimmung wirken. Das Chi-Feld ist der Teil deiner energetischen Signatur, der sozusagen alle anderen Teile zusammenhält. Das macht dieses Feld so bedeutsam. Schauen wir es also genauer an.

Dein Chi-Feld

Chi ist ein Begriff, der vor allem in der Traditionellen Chinesischen Medizin oft Erwähnung findet. Er steht dort für Energie oder Lebensenergie. Somit ist ein Chi-Feld nichts anderes als ein Energiefeld. Am häufigsten wird von der Aura gesprochen, wenn man das Energiefeld meint. Sie gehört zu meinen Spezialgebieten und ich habe darüber schon ein Buch geschrieben: *Aura-Coaching*.

Je mehr ich mich in den letzten Jahren mit diesen Dingen beschäftigt habe, desto mehr wurde mir bewusst, was für eine elementare und übergeordnete Rolle das Chi-Feld für die

Entwicklung eines Menschen spielt. Jeder Mensch hat eine Aura, eine elektromagnetische Abstrahlung um den Körper herum, die mit körpereigener Energie und von gewissen Energiezentren im System geladen wird. Sie enthält alle Arten von Information über den Menschen und man kann in ihr lesen.

Das Chi-Feld aber ist nicht genau das Gleiche wie die Aura, es ist selbst für hellsichtige Menschen wie mich nicht auf Anhieb sichtbar. Es ist viel größer und gleichzeitig auch subtiler. Der Mensch könnte ohne seine Aura nicht sein, ohne ein Chi-Feld würde es sich aber definitiv leben lassen.

Was aber ist das Chi-Feld nun genau? Es ist der energetische Abdruck von allen bewussten und unbewussten Überzeugungen, Glaubensmustern, Philosophien und spirituellen Ansichten eines Menschen. Dein Chi-Feld spiegelt daher unsere Ethik, unsere Moral und den Lebenscodex, nach dem wir uns verhalten, wider. Gleichzeitig ist das Chi-Feld wie ein Auffangbecken: Wenn alles um uns herum einzubrechen droht, ist es das Chi-Feld, das uns Sicherheit gibt. Es sorgt dafür, dass Seele, Geist und Körper komplett eins werden und in die gleiche Richtung streben können. Die Maßstäbe, nach denen wir unser Leben führen, und die Ausrichtung, die uns wichtig ist, das sind entscheidende Komponenten des Chi-Feldes. Es ist wie eine Superkraft, die Menschen auch unter schlimmsten Umständen nicht aufgeben lässt.

Schicksalsschläge, tiefe Krisen und gesellschaftliche Turbulenzen hast du vielleicht schon selbst erlebt oder du kennst Menschen, die solche Situationen durchgemacht haben. Es gibt immer wieder diejenigen, die sich von einem Trauma erholen und im Leben wieder Fuß fassen. Und es gibt die, die daran zerbrechen. Woran liegt das? Wir sprechen heute in diesem

Zusammenhang gern von Resilienz, der körperlichen und geistig-emotionalen Widerstandsfähigkeit. Was sie hervorbringt, ist das Chi-Feld, seine Existenz oder eben Nichtexistenz und seine Stärke.

Wir werden alle mit einer Aura geboren, aber nicht mit einem Chi-Feld. Das Chi-Feld baut sich erst im Laufe unseres Lebens auf, und die Grundpfeiler dafür werden schon sehr früh im Leben gesetzt – oder eben nicht. Wenn du ein Chi-Feld besitzt, musst du unbedingt dafür sorgen, dass niemand, kein System und keine auferlegten Regeln es dir wegnehmen. Ein Chi-Feld zu besitzen bedeutet, dass du weißt und fühlst, was dir im Leben wirklich wichtig ist, was deine Ansprüche an dich selbst und andere sind, und dass du stets darum bemüht bist, deinen Beitrag für die Erde zu leisten. Falls du bis heute kein Chi-Feld etabliert hast, werden wir das in den kommenden Abschnitten gemeinsam tun. Und auch wenn du bereits ein Chi-Feld hast, wird es mit den Übungen gestärkt und neu aktiviert.

Menschen ohne Chi-Feld sind manipulierbar, sie sind wie ein Blatt im Wind, sie werden getrieben von Menschen und Systemen, ohne freien Willen. Wir sind alle von solchen Systemen umgeben und sie sind zu guten Teilen auch nötig, denn erst Regeln ermöglichen ein Zusammenleben. Dennoch sollten wir geistig frei und offen sein und unsere eigene Wahrheit spüren und leben. Genau das ermöglicht uns das Chi-Feld.

Allerdings muss ergänzt werden, dass das Chi-Feld nicht immer nur positiv geladen ist. Es kann vorkommen, dass die Werte und Ideale, die in einem Chi-Feld aktiv sind, irreführend, negativ und zerstörerisch sind. Viele Tyrannen, die immer mal wieder auf der Erde gelebt und gewütet haben, hatten solch ein negativ geladenes Chi-Feld. Keiner von ihnen war glücklich oder erfüllt. Sie waren blinde Diener ihres Schmerzes, den sie wie Feuerdrachen über ihr verhängnisvolles Chi-Feld nach außen spien.

Für die meisten Menschen ist die Geburtsstunde ihres eigenen Chi-Feldes die, in der sie zum ersten Mal auf eine inspirierende Persönlichkeit treffen. Auf einen Menschen, der in ihnen Bewunderung auslöst und in ihnen wachruft, wie sie selbst leben, sein und denken möchten. Das passiert für die meisten schon sehr früh. Es kann zum Beispiel sein, dass deine Mutter, dein Vater oder jemand anderes aus der Familie deine Inspirationsquelle war. Vielleicht auch ein Lehrer oder ein Nachbar. Für mich als ein kleines Mädchen gab es zwei solche Menschen: meine Großmutter und meinen Vater. Beide hatten im Leben sehr viel gelitten. Meine Großmutter hatte ihren Sohn mit einundzwanzig Jahren und ihren Mann mit sechsunddreißig Jahren verloren. Dennoch sah sie hinter allem einen spirituellen Sinn und gab nie auf, an Gott und an das Gute im Leben zu glauben. Sie strahlte eine Sicherheit aus, die nicht von dieser Welt war. Von meinem Vater lernte ich vor allem, was es heißt, mit Ablehnung umzugehen, und dass es sich immer lohnt, mehr zu tun und mehr zu geben, als die anderen erwarten. Viele Menschen hatten ihn verletzt, betrogen und hintergangen, dennoch glaubte er daran, dass in jedem Menschen etwas Gutes steckt. Die Überzeugungen und Leitsätze dieser zwei Menschen sog ich wie einen Schwamm auf und integrierte sie tief in mein System. Ich begann, danach zu leben, und so wurde aus den übernommenen Überzeugungen mein eigenes Chi-Feld, das ich später noch mit meinen eigenen Erfahrungen anreicherte.

Challenge No. 14: Welche Persönlichkeiten haben dich inspiriert?

Gab es auch für dich eine oder mehrere inspirierende Persönlichkeiten? Wenn ja, wer waren diese Menschen und was haben sie dir vorgelebt? Es kann sein, dass du etwas länger suchen musst, bis du feststellst, dass es da tatsächlich jemanden gab, der dich inspiriert hat, als du ein kleines Kind oder schon jugendlich warst. Es könnten auch Film- oder Romanfiguren sein. Falls du wirklich niemanden findest, welche Inspiration hättest du gern in deinem Leben gehabt? Wer hätte eine bestimmte Lücke in deinem Leben ausfüllen können?

Notier dir die Namen und was diejenigen für dich bedeutet haben in deinem Notizbuch. Es geht darum, dass du erkennst, welche Werte, Ideale und Überzeugungen dieser Persönlichkeiten dich inspiriert haben und welche auch zu deinen Werten wurden.

In meinem Fall könnten die Überzeugungen, die von meiner Großmutter und meinem Vater gespeist wurden, folgendermaßen lauten:

- Das Leben ist immer auf meiner Seite.
- Egal, was Menschen mir antun, es gibt immer einen Grund, das Gute in ihnen zu sehen.
- Schicksalsschläge machen mich nicht schwächer, sondern stärker.
- Gib immer mehr als das, was andere erwarten.

Das also sind einige der Aspekte meines Chi-Feldes, die in meinen frühen Jahren bereits Zugang zu meinem System fanden.

Später durfte ich diese Aspekte verstärken, verändern und an mein Leben anpassen. Aber so, wie sie hier stehen, wurden sie anfangs installiert.

Es kann sein, dass dir das Auffinden solcher Sätze schwerfällt, weil wir uns dabei auf einem sehr subtilen Terrain bewegen. Für die meisten Menschen liegen diese Ideale komplett im Unbewussten. Was dir helfen kann, um da schneller heranzukommen, ist, dass du dir folgende Fragen stellst: Wofür schlägt mein Herz? Wofür brenne ich? Was will ich als inkarnierte Seele auf der Erde hinterlassen, wenn ich wieder gehe? Was wären Ideale, die ich meinen Kindern mit auf den Weg geben würde?

Das Chi-Feld aktivieren

Egal, was du an Aussagen gefunden hast, es ist nie zu spät, sich ein positives, kraftvolles Chi-Feld zu etablieren. Eines, das dem Wohle aller dient, dir wahre Erfüllung und Freude schenkt, dich deine Lebensmission und deine Seelenaufgabe erfüllen lässt. Das ist unsere Intention, für deren Umsetzung wir hochschwingende Ideale brauchen. Das könnte sein: »Ich glaube an das Gute in allen Menschen.« Oder: »Der Fluss des Lebens führt mich an die richtigen Orte, wenn ich loslasse.« Oder: »Alles geschieht mit einem höheren Sinn.«

Es gibt ein universelles Gesetz: das Gesetz der Weiterentwicklung, der Schöpfung. Wir wollen dieses universelle Gesetz mit unserem Chi-Feld unterstützen und uns dadurch letztlich auf das Universum einschwingen. Sind wir auf die gleiche Frequenz eingestimmt, haben wir das Universum auf unserer

Seite. Ein weiteres allgemeingültiges Gesetz ist das von Ursache und Wirkung, auch Karma genannt. Diesem Gesetz sind wir alle unterworfen, und unsere Seele dient als Speicherort für alles Karma, das wir in diese Inkarnation als Mensch mitgebracht haben (mehr dazu im nächsten Kapitel). Alle Informationen, die in deinem Chi-Feld aktiv sind, ziehen Gleiches an und setzen die Ursache für eine ihnen entsprechende Wirkung. Wenn ich beispielsweise die Information von »Ich glaube an das Gute im Menschen« in mir trage, werde ich auch immer mehr Menschen anziehen, die mich in dieser Überzeugung bestätigen. Wenn hingegen das Einzige, an das ich glaube, Macht und Gier sind, werde ich Menschen in mein Leben ziehen, die mir beweisen, dass Macht und Gier das Wichtigste sind. Und ich dürfte erleben, wie sie ihre Macht über mich missbrauchen. Auch das ist das Gesetz des Karma. Es wirkt zu hundert Prozent, wobei es sich zeitlich verzögern kann.

All das bedeutet für uns: Wir wollen ein Chi-Feld, das aus hohen Idealen besteht, erhebend für uns und andere ist, das universelle Gesetz der Weiterentwicklung für alle unterstützt und kein Karma erzeugt, das uns auf unserem Entwicklungs- und Erfüllungsweg hinderlich sein könnte. Genau dabei hilft die folgende Challenge.

Challenge No. 15: Aktivierung des Chi-Feldes

In deinem Notizbuch sollte bereits stehen, welche Inspirationen du als Kind von Menschen in deinem Umfeld erhalten hast, welche Werte und Maßstäbe später in deinem Leben hinzukamen oder welche du dir gewünscht hättest.

Wähle nun aus den folgenden Punkten sechs aus. Geh dafür für einen Moment in die Stille, nimm ein paar tiefe Atemzüge, lies dann jeden Punkt laut vor und spür, was er mit dir macht. Es wird Punkte geben, die irgendeine Form von Energie, Wärme oder Gefühl in dir auslösen. Andere wiederum weniger. Dein Ziel sollte sein, sechs Punkte zu bestimmen, die für dich gefühlsmäßig am wichtigsten sind und deinen Lebenscodex darstellen.

- Wahrheit
- Freiheit
- Sicherheit
- Liebe
- Frieden
- Gelassenheit
- Mitgefühl
- Ehrlichkeit

- Lebendigkeit
- Veränderung
- Persönliche Entfaltung
- Kreativität
- Ausdauer
- Sinnlichkeit
- Offenheit
- Zugehörigkeit

Nachdem du nun die sechs Elemente deines aktuellen Lebenskodex auserwählt hast, geh in dich und frag dich, in welchen Lebensbereichen diese Elemente bereits aktiv sind und in welchen du sie noch verstärken willst. Wenn es um eine Verstärkung geht, solltest du dich auch fragen, wie du das anstellen könntest. Wenn beispielsweise Gelassenheit auf deiner Liste steht und du aber in deinem Job zu angespannt und gestresst bist, könntest du darüber nachdenken, in der Mittagspause täglich eine kurze Entspannungsübung zu machen.

In unserer Challenge geht es nun damit weiter, dass wir ein Energie-Netzwerk für dein Chi-Feld etablieren. Stell dir vor, du stehst ganz aufrecht und um deinen Körper herum finden sich sechs Energiepunkte: wie leuchtende Tennisbälle oder wie kleine Sonnen. Der erste Energiepunkt liegt unterhalb deiner Füße, unterirdisch sozusagen. Der zweite Punkt liegt zwanzig Zentimeter oberhalb des Scheitels. Punkt drei schwebt zwanzig Zentimeter vor der Körpermitte auf Herzhöhe und der vierte liegt ihm gegenüber hinter dem Rücken. Die Punkte fünf und sechs liegen auf Höhe der Schultern links und rechts neben dem Körper, zwanzig Zentimeter von den Schultern entfernt. Nun stell dir vor, dass alle Punkte miteinander in Verbindung sind. So entsteht ein Netz um deinen Körper herum. Und nun ordnest du jedem dieser sechs Punkte ein Element aus deinem Lebenskodex zu. Du kannst dafür die Liste in deinem Notizbuch durchnummerieren. Mach das ganz intuitiv. Es gibt dabei kein Richtig oder Falsch.

Dieses Energie-Netzwerk für dein Chi-Feld ist wie ein Strom-Netzwerk. Über diese sechs Punkte kann sich die Energie in deinem Chi-Feld entfalten und verstärken. Und damit ist es schon getan. Jedes Mal, wenn du dich fortan für ein paar Momente mit diesen Energiepunkten um deinen Körper herum verbindest und dir deinen Lebenskodex bewusst machst, aktivierst du automatisch dein Chi-Feld.

Insiderwissen

Häufig fragen mich Menschen, ob ich beweisen kann, dass derartige energetische Ausrichtungen wirklich funktionieren. Ich kann es nicht. Aber könnte jemand beweisen, dass es nicht funktioniert? Vielleicht gibt es aber doch einen Beweis: nämlich die vielen Leben, meins eingeschlossen, die sich mit

Energie- und Bewusstseinsschulung in schönere und glückli-
chere verwandeln durften. Wir sind Energie, alles um uns herum ist Energie. Wenn du dein Chi-Feld etablierst und aktivierst, wird eine Reaktion des Universums auf deine energetische
Ausrichtung passieren. Du wirst spüren, dass deine Angelegen-
heiten mühelos fließen, dass du beginnst, deine Wünsche und
Ziele schneller und zielgenauer zu manifestieren und immer
mehr zu einem Magneten für Menschen wirst, die ähnliche
Ideale und Maßstäbe haben wie du. Dein Aussehen und deine
Gesundheit werden auch darauf reagieren, denn das Chi-Feld
bündelt deine Energie und sammelt alle zerstreuten Ressourcen wieder in deinem System.

Dein Chi-Feld und die Prinzipien des Lebenskodex, die es
manifestieren, sind keineswegs in Stein gemeißelt. All das
kann, darf und soll sich verändern, denn im Laufe deiner Entwicklung werden sich deine Maßstäbe an das Leben wandeln.
Fühl dich also frei, dein Chi-Feld immer dann, wenn es sich für
dich passend anfühlt, zu »aktualisieren«. Füge neue Aspekte
des Lebenskodex hinzu und entferne dafür andere. Finde neue
inspirierende Persönlichkeiten und pass deine Schwingung an
ihre an. Der Lebenskodex sollte immer im Fluss deines Seins
und Wesens bleiben, flexibel, mittelfristig gesetzt und anpassungsfähig an die Umstände.

Der Seelenkodex

Dein Leben, das dir vom Universum gegeben wurde, ist in der
Tat ein Geschenk. Ein wichtiger Bestandteil dabei ist deine
Seele. Und mit ihr wollen wir uns nun beschäftigen. Ich möchte

dich ganz konkret dazu anleiten, deine Seele und deine seelischen Prägungen zu nutzen, um die beste, glücklichste und erfolgreichste Version deiner selbst zu werden und als solche dabei mitzuwirken, die Erde zu einem besseren Ort zu machen.

Bevor du als neugeborener Mensch deinen allerersten Atemzug genommen hast, war deine Seele schon bei dir. Und ohne sie würdest du auch nicht weit kommen. Im Laufe deiner Entwicklung vom Baby zum erwachsenen Menschen lerntest du immer mehr deinen Körper kennen, wie du ihn nutzen und auf ihn Acht geben kannst. Dein physischer Körper ist für dich greifbar, erlebbar und essenziell wichtig, damit du menschliche Erfahrungen auf der Erde machen kannst. Außerdem ist da aber noch ein Körper Nummer zwei: der feinstoffliche Körper. Diesen wollen wir als Seele bezeichnen. Er ist wichtig für deine seelischen Erfahrungen, die die Spanne eines Lebens überdauern. Sie sind unzerstörbar, denn auch die Seele ist unzerstörbar. Wenn dein Körper eines Tages alle Aktivitäten einstellt, also stirbt, wird die Seele weiterleben, denn sie kann sich nicht auflösen. Wenn die Seele sich dann vom Körper abspaltet, wird sie aber nicht mehr die gleiche sein wie zu Beginn des Lebens. Denn es sind neue Erfahrungen hinzugekommen – und auch auf sie trifft das Wort »Karma« zu.

Kannst du dich noch an die Geschichte meines Vaters erinnern? Obwohl er ein armer Junge war und in seinem Leben viele Dinge schiefgegangen sind, hatte er innerlich immer so ein Gefühl von Würde und Größe. Woher kam diese innere Einstellung, obwohl der kleine Junge alles andere als ein königliches Leben führte? Da kommt die Seele ins Spiel. Denn könnte es nicht sein, dass dieser Junge in einem früheren Leben ein

König oder ein Fürst war und die entsprechenden Qualitäten in dieses Leben mitgebracht hatte? Kein Baby, das hier geboren wird, ist ein unbeschriebenes Blatt. Jeder Mensch wird mit seelischen Prägungen und Informationen geboren, die er nicht einfach wegradieren kann und die wichtig sind, damit die Seele ihre Evolution verwirklichen kann. Niemand beginnt als Mensch bei null. Wir alle haben bereits eine lange Reise hinter uns. Alles, was wir seelisch bis jetzt erfahren haben, hat einen Einfluss darauf, wer wir waren, sind und sein werden. Diese Ansammlung von seelischen Prägungen können wir Karmahaus nennen. Dieses Haus besteht zu hundert Prozent aus Karma, selbst die Möbel, die darin sind. Das Dach, unter dem all dieses Karma wohnt, das ist der Seelenkodex.

Karma existiert, ob du daran glaubst oder nicht. Wenn du dich von Fastfood ernährst, verändert sich dein Körper – dies ist eine karmische Reaktion auf dein Ernährungsverhalten. Diese Form von Karma würde man »verzögertes Karma« nennen, denn die Effekte von Fastfood auf den Körper zeigen sich erst später, aber dafür meist umso heftiger. Verzögertes Karma ist gefährlich, denn für den Moment haben wir Spaß an einem Verhalten, für das wir später büßen müssen. Karma ist kein Hokuspokus, sondern einfach die Konsequenz aus deinem Handeln, Denken und Fühlen.

Man könnte nun meinen, dass Karma immer etwas Schlechtes sein muss. Doch das ist definitiv nicht so. Es gibt auch eine Art Karma-Sparkonto. Das füllen wir immer dann auf, wenn wir mit unserem Handeln, Denken und Sein das Gute, Schöne und Liebevolle in der Welt nähren. Positives Karma wird auch durch die Zuneigung zu dir selbst genährt und natürlich durch Mitgefühl zu anderen Lebewesen. Positives Karma aus früheren Leben kann sich in Form von Persönlichkeitsmerkmalen und Talenten zeigen. Wir hören immer wieder von Kindern, die spontan Instrumente spielen können oder Sprachen sprechen, die sie eigentlich nicht kennen können. All das bringt die Seele mit ihrem Karma-Sparbuch mit.

Es ist nicht möglich, als Mensch zu leben und kein Karma zu erzeugen. Denn alles, was wir tun oder nicht tun, löst eine Reaktion aus. Worüber wir aber Macht haben, ist die Qualität des Karmas, das wir erschaffen. Wir können uns jeden Tag entscheiden, über Wohltaten für uns selbst und andere positives Karma zu erschaffen. Unsere *Empower-Yourself*-Reise zielt unter anderem darauf ab, die Qualität des Karmas positiv zu beeinflussen, sodass eventuelle Schulden abgetragen werden und das positive Guthaben steigt.

Das Dach deines Karmahauses nun ist der Seelenkodex. So wie du ihn in diese Inkarnation mitgebracht hast, ist er keine zufällige Ansammlung von karmischen Informationen, aber auch keine logische. Er richtet sich komplett danach, was du anderen Wesen und dieser Erde zu geben hast und was deine Seelenaufgabe ist. Bevor die Seele inkarniert, fügen sich alle möglichen karmischen Informationen zu einem in sich stimmigen Karmahaus zusammen, damit der Mensch seine Seelenaufgabe erkennen und leben kann.

Viele Menschen, die auf ihrem Gebiet sehr erfolgreich sind und eine Inspiration für viele andere, hatten zu Beginn ihres Lebens sehr schweres Karma zu tragen: So einige wuchsen in komplizierten und leidvollen Familiensituationen auf. All das sorgte jedoch dafür, dass sie sich zu tapferen Lebenskriegern entwickelten, für sich selbst und andere einzustehen lernten und den Willen aufbrachten, etwas zu verändern.

Um deinen persönlichen Seelenkodex zu aktivieren und dich deiner Seelenaufgabe näher zu bringen, werden wir nun tief in dein seelisches System vordringen und dort vieles verändern, wenn nicht sogar alles. Ich habe auf diesem Gebiet diverse Techniken entwickelt, um eine Verbindung mit der Seele einzugehen und Informationen aus einer höheren Quelle einzuholen. Und ich freue mich, dieses Spezialgebiet meiner Arbeit nun mit dir zu teilen.

Challenge No. 16: Den Seelenkodex aktivieren

Leg in deinem Notizbuch auf einer leeren Seite drei Spalten an und teile deine Lebensjahre ungefähr durch drei. Ich beispielsweise bin 32. Daher schreibe ich in die erste Spalte 0 bis 10, in die zweite 11 bis 21 und in die dritte 22 bis 32.

In jedem dieser drei Abschnitte kann es eine oder mehrere Niederlagen und Schicksalsschläge gegeben haben. Es kann auch sein, dass es in einem Abschnitt mehrere, in anderen keine Rückschläge gab. So etwas kann zum Beispiel die Trennung der Eltern sein oder ein Sportunfall. Notier dir diese Vorfälle in der jeweiligen Spalte.

Es geht darum, solche Dinge, die im Leben schiefgelaufen sind, als etwas anzusehen, was deine seelischen Potenziale und die Seelenaufgabe voranbringen konnte. Manchmal benötigen wir großes Leiden, um die verhärtete Kruste um unsere Seele herum aufbrechen zu lassen, sodass das Licht der Seele entströmen kann.

Stell dir in Bezug auf jedes Leiden in deiner Liste folgende Fragen:

- Was kann ich jetzt sehen, was ich vor diesem Schicksalsschlag nicht sehen konnte?
- Welche Ressourcen und Kräfte entdeckte ich erst durch das Leiden?
- Welche Menschen traten durch diese Rückschläge in mein Leben und veränderten es?
- Was wollte mir meine Seele durch diese Schwierigkeiten im Leben sagen?
- Welche karmische Hausaufgabe hatte ich noch nicht absolviert?

Sammle so viele Erkenntnisse wie möglich und lass dir Zeit dabei. Diese Übung ist keine, die man mal schnell so nebenbei erledigt. Es ist eine intensive Innenschau nötig. Stell dir vor, dass du mit jeder Antwort, die du findest, die Wände um deine Seele herum niederreißt und immer mehr erkennst, was sie durch dich auf der Erde zum Ausdruck bringen will.

Bei mir selbst, bei meinen Klienten und auch Schülern habe ich immer wieder erlebt, dass uns die schmerzvollsten Stunden im Leben unserer Seele am nächsten bringen können. Stell dir vor, deine Seele steht vor deiner Tür. Wenn sie nicht anklopft, wirst du nicht wissen, dass sie da ist. Wenn sie nur leise klopft, wirst du das Klopfen wahrscheinlich überhören. Ein vehementes und lautes Klopfen aber wird deine Aufmerksamkeit anziehen. So kann man sich die leidvollen Erlebnisse vorstellen: Die Seele steht vor der Tür und klopft immer lauter, bis man es hören kann.

Aber wo genau klopft die Seele an, wenn sie mit dir kommunizieren möchte? Du ahnst es vielleicht schon: Das Kommunikationsmedium der Seele ist dein Herz.

Geh mit diesem Wissen noch einmal deine aufgelisteten schmerzlichen Erfahrungen durch. Nimm dann einen tiefen Atemzug und schließ die Augen. Beobachte für ein paar Atemzüge einfach die Luft, wie sie ein- und ausströmt, und werde innerlich ruhiger. Nun stell dir vor, dass du wie in einer Seifenblase schwerelos dahingleitest. Spür, wie diese Schwerelosigkeit eine wundervolle Entspannung in deinen gesamten Körper bringt und du auch geistig immer offener und gelöster wirst. Gleichzeitig fühlst du dich in dieser Seifenblase hundertprozentig sicher und wohl. Du kannst komplett loslassen.

Durch die Seifenblase hindurch erkennst du nun, dass du durchs Weltall schwebst und dich direkt auf einen sehr hellen Ort zu bewegst. Je näher du ihm kommst, desto besser erkennst du, dass das ein Lichtportal ist. Es ist der Zugang zu deiner Seele, und jedes Mal, wenn du durch großen Schmerz gegangen bist, wurde dieses Portal aktiviert. Doch dieses Mal wählst du ganz frei, durch dieses Portal zu reisen und mit deiner Seele verbunden zu werden, ohne dass dich Schmerz dazu motivieren müsste. Du schwebst in deiner Seifenblase durch dieses Tor. Beginne, innerlich von zehn zurück bis eins zu zählen, und stell dir vor, dass du mit jeder Zahl tiefer in dieses Portal hineingleitest. Bei eins wirst du zu hundert Prozent eins mit deiner Seele sein.

Verweile ein paar Momente in diesem Zustand seelischer Einheit. Verweile in diesem Gefühl, komplett mit deiner Seele und dem Seelenplan verschmolzen zu sein. Sprich dann laut oder innerlich: »Ich aktiviere, aktiviere, aktiviere meinen Seelenkodex. Alle meine seelischen Anteile kehren nach Hause zu mir und ich nehme meine Seele voll und ganz in Besitz. Jetzt.«

Lass diese Sätze ein paar Momente auf dich wirken und gleite dann mit deiner Seifenblase wieder hinaus aus dem Portal, während du dieses Mal von eins bis zehn zählst. Bei der Zehn angekommen, bist du wieder ganz im Hier und Jetzt. Nach dieser Übung solltest du dir unbedingt noch etwas Ruhe gönnen. Vielleicht haben dich Bilder und Informationen aus deinem Seelenportal erreicht, die du dir notieren möchtest.

Insiderwissen

Ein wesentlicher Punkt beim Aktivieren des Seelenkodex sind die verschiedenen Anteile, die wir seelisch ins Leben mitbringen. Wenn die Seele nicht vollständig ist, kann der Seelenkodex auch nicht aktiviert werden. Auch die Seele verändert sich, formatiert sich neu und ist stets in der Entwicklung. Was es aber unbedingt braucht, um die Seelenaufgabe erfolgreich zu absolvieren, sind all unsere Talente und Fähigkeiten. Aus diesem Grund ist es wichtig, bei dem Kommando alle Seelenteile einzubeziehen. Im Laufe unseres Lebens können wir an kritischen Punkten Seelenanteile verlieren. Der beste Weg, das künftig zu verhindern, ist, dich täglich zu fragen, wofür du lebst, wofür dein Herz pulsiert und was für ein Mensch du sein möchtest.

Ich empfehle dir, diese Aktivierung des Seelenportals immer wieder zu praktizieren. Wichtig ist, dass du diese Übung auch dann machst, wenn es dir gut geht. Manche Menschen machen den Fehler, dass sie nur dann meditieren und ihre Übungen machen, wenn es ihnen schlecht geht. Dadurch speichern sie auch innerlich ab, dass sie den Schmerz und das Leiden benötigen, um an sich zu arbeiten. So kann sich leicht ein

Selbstsabotageprogramm entwickeln. Mach deine Übungen besser aus dem inneren Drang, den Rohdiamanten, der du bist, zu schleifen und ihn zum Glänzen zu bringen. Du holst das Beste aus dir heraus und steigerst das Level von Lebendigkeit, Glück und Erfolg in deinem Leben auf das Maximum – einfach nur aus dem Grund, weil du weißt, dass du es wert bist.

Das Frequenz-Chart

Wenn wir im Alltag von Zeit zu Zeit das Wesentliche aus den Augen verlieren, ja vielleicht sogar unsere Seelenaufgabe vergessen, kann es hilfreich sein, ein Testverfahren zu haben, um das eigene Energielevel zu überprüfen. Genau so ein Testverfahren haben Jeffrey und ich entwickelt: das Frequenz-Chart, um das es jetzt gehen soll.

Wir haben gesehen, dass wir Menschen hochkomplexe Wesen sind, die vollständig aus Energie auf einer bestimmten Schwingungsfrequenz bestehen. Intuitiv wissen und spüren wir, dass es Menschen gibt, die gewissermaßen höher schwingen, und andere, die eine niedrigere Frequenz haben. Wir spüren, dass manche Leichtigkeit und Gelassenheit ausstrahlen, andere wiederum Ängstlichkeit und Frustration. Es ist ganz klar, dass wir alle zu den Menschen gehören wollen, die höher schwingen. Denn mit einer höheren Schwingung lebt es sich leichter und schöner, und die Umwelt reagiert auf eine andere, positivere Art. Es geht dabei nicht darum, Menschen mit einer niedrigen Schwingung zu verurteilen, denn jeder von uns hatte schon mal schlechte Tage und lief niedrig schwingend durch den Alltag. Das ist absolut okay. Doch es geht darum, an sich selbst zu erkennen, wo man steht, und etwas zu unternehmen, um die Schwingung wieder hochzukurbeln.

Was wir daher brauchen, ist ein Test mit einem klaren Maßstab. Was für einen Menschen eine hohe Schwingung ist, kann für jemand anderes eine niedrige Schwingung sein. Denn jeder Mensch hat sein Leben und einen anderen Codex. Das müssen wir im Auge behalten, wenn wir uns mit Frequenzen auseinandersetzen. Es geht auch nicht darum, vierundzwanzig Stunden am Tag und sieben Tage die Woche hoch zu schwingen. Das ist ein unerreichbares Ziel. Es geht einzig und allein darum, sich darauf zu trainieren, immer kürzer in den Schwingungslöchern zu verweilen und es immer besser zu schaffen, die eigene Schwingung zu erhöhen.

Unser Testinstrument ist das Frequenz-Chart, das du auf Seite 199 findest. Wie du sehen kannst, teilt sich das Chart grob in drei Bereiche: erstes Level 200 bis 1000, zweites Level 180 – die neutrale Ebene – und das dritte Level von 0 bis 175. Im ersten Level bewegt sich die Schwingung nach oben bis hin zur maximalen Lebenskraft. Dort erleben wir unser authentisches Selbst, Gesundheit, die Erfüllung unseres Seelenplans, wir leben unser Potenzial. Es ist für uns alle erstrebenswert, nach oben in diesen Bereich zu kommen. Dabei ist der Weg das Ziel, der Fokus liegt auf der Bewegung.

Viele Menschen bewegen sich auf und ab im Frequenz-Chart. Sie durchleben eine Bandbreite von verschiedenen Emotionen, die alle eine unterschiedliche Schwingung besitzen. Sie kannst du auf der rechten Seite des Bildes sehen. Anders ist die Mitte. Dort finden wir die Qualitäten Neutralität, Beobachter, Akzeptanz und Stille. Über diesen Bereich werden wir noch ausführlicher sprechen.

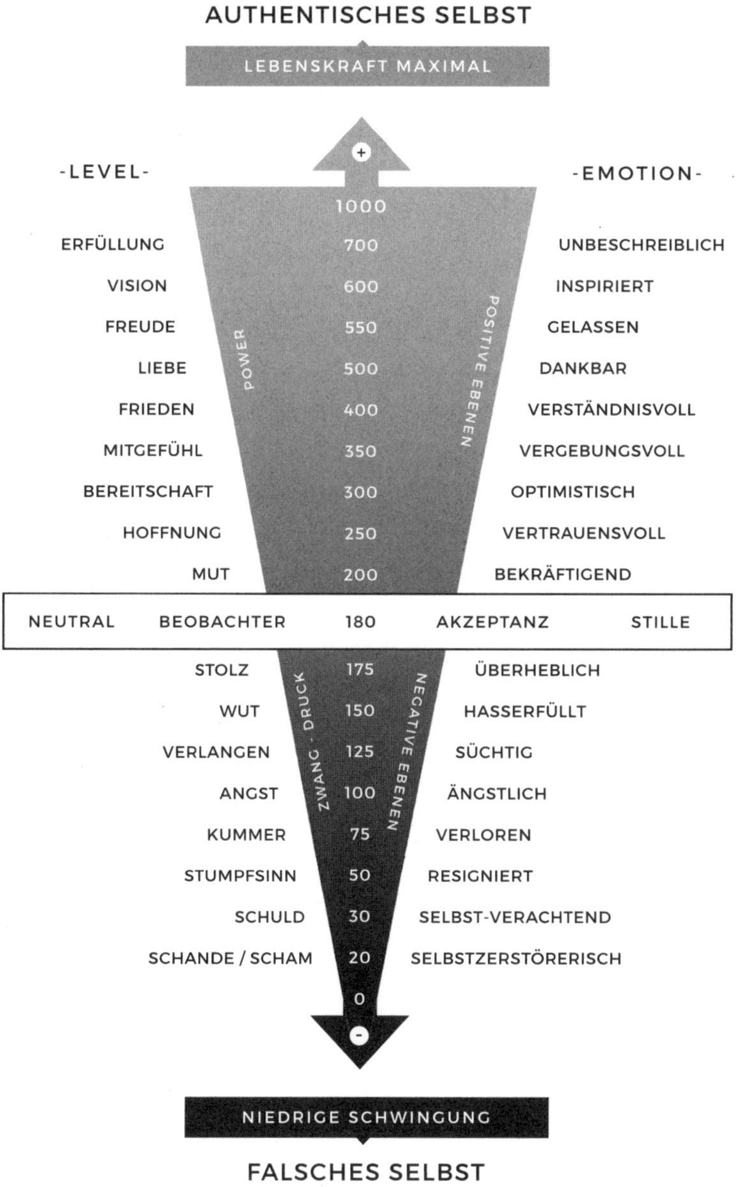

AUTHENTISCHES SELBST

LEBENSKRAFT MAXIMAL

-LEVEL-		-EMOTION-
	+1000	
ERFÜLLUNG	700	UNBESCHREIBLICH
VISION	600	INSPIRIERT
FREUDE	550	GELASSEN
LIEBE	500	DANKBAR
FRIEDEN	400	VERSTÄNDNISVOLL
MITGEFÜHL	350	VERGEBUNGSVOLL
BEREITSCHAFT	300	OPTIMISTISCH
HOFFNUNG	250	VERTRAUENSVOLL
MUT	200	BEKRÄFTIGEND

POWER · POSITIVE EBENEN

NEUTRAL	BEOBACHTER	180	AKZEPTANZ	STILLE

ZWANG - DRUCK · NEGATIVE EBENEN

STOLZ	175	ÜBERHEBLICH
WUT	150	HASSERFÜLLT
VERLANGEN	125	SÜCHTIG
ANGST	100	ÄNGSTLICH
KUMMER	75	VERLOREN
STUMPFSINN	50	RESIGNIERT
SCHULD	30	SELBST-VERACHTEND
SCHANDE / SCHAM	20	SELBSTZERSTÖRERISCH
	0	

NIEDRIGE SCHWINGUNG

FALSCHES SELBST

Als Gegenpol zum authentischen Selbst finden wir das falsche Selbst. Es repräsentiert all das, was kein Mensch bewusst im Leben erfahren möchte. Wenn sich die eigene Schwingung jedoch aufgrund von toxischen Emotionen immer wieder in den Keller bewegt, kann es passieren, dass der Mensch in dieser dunklen Zone lebt. Wir waren alle schon einmal dort. Alle Tools von *Empower Yourself* können dabei helfen, dort wieder herauszukommen.

Das Frequenz-Chart erfüllt mehrere Aufgaben:

- Es kann dir als Tool zur energetischen Standortbestimmung dienen. Du kannst es nutzen, um deine Gesamtschwingung zu messen oder auch die Schwingung von verschiedenen Körperteilen und sogar Organen.

- Es kann dir dabei helfen herauszufinden, wie gut ein neuer Job oder ein neuer Wohnort mit deinem Seelenplan oder deiner Vision harmoniert.

- Es kann dir dabei helfen herauszufinden, welche toxischen Emotionen eine Handbremse für deine persönliche Entwicklung sind oder inwieweit du noch an der Vergangenheit hängst.

- Du kannst das Frequenz-Chart allein für dich anwenden oder gemeinsam mit einer zweiten Person.

Challenge No. 17: Messung der durchschnittlichen Gesamtschwingung (Partnerübung)

Leg Frequenz-Chart und Notizbuch bereit. Bestimmt dann, für wen zuerst ausgetestet werden soll. Die Person, die die Levels austesten wird, nennen wir den Tester.

Folgende Einstimmungsübung gilt für beide: Ihr steht einander gegenüber und schließt die Augen. Verwurzelt euch über die Füße im Boden und beobachtet euren Atem. Dann rollt die geschlossenen Augen nach oben und sprecht laut dreimal: »Gammazustand aktiviert.« Während die Augen weiterhin in dieser Position bleiben, sagt jeder für sich weiter: »Auch wenn ich nicht weiß, wie ich das mache, weiß ich, dass ich mich jetzt mit der Quelle verbinde. Meine Intention ist, die Gesamtschwingung für XY (Name der Testperson, als Testperson sagst du ‚meine Gesamtschwingung‘) auszutesten.«

Nun stellt ihr euch vor, dass direkt vor euren Augen eine wundervolle Krone schwebt und sich dreht. Seht sie euch genau an. Wie sieht sie aus? Ist sie golden, silbern oder besteht sie aus einem komplett anderen Material? Ist sie mit Steinen oder Diamanten besetzt?

Nachdem ihr euch die Krone genau angeschaut habt, hebt ihr die Hände und tut so, als würdet ihr die Krone fassen und auf euren Kopf setzen. Danach lasst ihr die Hände wieder sinken. Versucht, das Gewicht der Krone auf dem Kopf zu spüren. Und stellt euch vor, dass sich aus den Spitzen der Krone Lichtbahnen nach oben in den Himmel und ins Universum bewegen. Dadurch verbindet ihr euch mit Spirit, der höchsten Schwingungsinstanz, die existiert.

Der Tester bleibt nun mit geschlossenen Augen in dieser Verbindung. Die Testperson nimmt das Frequenz-Chart in die Hand und gleitet mit ihrem Blick von einer Ebene zur anderen, ganz zufällig und ohne logische Abfolge. Sie bleibt auf jeder Ebene immer für etwa zwei Sekunden, bevor sie zur nächsten Ebene wechselt. Sie sollte ganz spontan durch das Frequenz-Chart gehen und versuchen, so viele unterschiedliche Ebenen wie nur möglich zu »erwischen«. Der Tester erwartet derweil einen Impuls wie ein Ziehen, ein leichtes Drücken, ein Kribbeln, Wärme oder Kälte und sagt stopp, wenn dieses Signal spürbar geworden ist. In dem Moment, in dem der Tester stopp sagt, blickt die Testperson auf die Ebene, die das Ergebnis anzeigt.

Danach könnt ihr wechseln oder etwas anderes austesten. Das kann zum Beispiel ein Organ oder eine Körperstelle sein oder auch die Harmonie zwischen einem neuen Job und der Lebensvision. Wenn das Testen beendet ist, wäre es von Vorteil, wenn ihr euch beide ein bisschen bewegt. Vielleicht hüpft ihr ein bisschen oder klopft den Körper ab.

Insiderwissen

Vielleicht fragst du dich, wieso das Testverfahren so umständlich sein muss. Dafür gibt es einen wichtigen Grund: Du bist zu sehr interessiert an deinem Testergebnis und dein innerer Wächter könnte das Ergebnis manipulieren, wenn das Verfahren zu simpel wäre. Indem es auf die beschriebene Art und Weise erfolgt, wird der innere Wächter umgangen und das Ergebnis kann weder von dir noch vom Tester manipuliert werden.

Indem ihr euch beide in den Gammazustand begebt und über die Krone mit Spirit verbindet, habt ihr Zugang zu Wissen, das jenseits des Denkens liegt. Das ist wichtig, denn wir bewegen uns hier auf feinstofflichen Ebenen und kommen mit unserem Verstand nicht weiter.

Fast immer spüren die Tester das erwartete Signal sehr deutlich. Viele bemerken einen Sog nach vorn oder hinten oder

202

auch ein Kribbeln am Scheitel. Diese Signale kann man sich als Feedback vorstellen, und je öfter man übt, desto deutlicher werden die Signale wahrnehmbar.

Wichtig ist, dass niemals nachgetestet werden darf. Das erste Ergebnis ist das richtige. Würde man es überprüfen wollen, indem man unmittelbar danach nochmals das gleiche Thema testet, würde das auch bedeuten, dass man dem Ganzen nicht traut. Die Energie des Zweifels wird dann den weiteren Test beeinflussen.

Dennoch kannst du das Verfahren so oft anwenden, wie du willst – aber maximal einmal am Tag für das gleiche Thema. Zu oft solltest du es nicht nutzen, denn man kann sich sehr schnell auch verrückt machen. Es soll dir nur ab und an Hinweise geben.

Es ist auch möglich, das Frequenz-Chart ohne fremde Hilfe anzuwenden. Dafür musst du aber ein klein wenig Vorarbeit leisten und für jede Ebene ein Kärtchen erstellen. Auf der Rückseite sehen die Kärtchen alle gleich aus. Auf der Vorderseite stehen die einzelnen Ebenen wie zum Beispiel »250 – Hoffnung – vertrauensvoll«.

Beim Selbsttest läuft alles wie beschrieben, nur dass du nach der Verbindung über die Krone einfach eine Karte ziehst. Idealerweise tust du das mit deiner Herzhand, also mit der linken. Wichtig ist, dass du deine Hand wirklich intuitiv zu einem Kärtchen gehen lässt und dem ersten Impuls folgst, ohne zu überlegen.

Was machst du aber nun mit dem Ergebnis? Wie kannst du es interpretieren, und was kannst du tun, um eine niedrige Schwingung zu erhöhen? Mit diesen Fragen wollen wir uns nun beschäftigen.

Die Ebene der Neutralität

Diese Ebene ist vor allem dann sehr wichtig, wenn du viel mit Menschen zu tun hast und daran interessiert bist, bewusste und liebevolle Beziehungen zu führen. Echtes Mitgefühl gegenüber Menschen und anderen Lebewesen können wir nur dann entwickeln, wenn wir neutral sind, wenn wir also nicht für Schwarz oder für Weiß sind und nicht auf einer Seite und gegen die andere Position beziehen. Jeder Mensch steht an einem anderen Punkt in seiner persönlichen Entwicklung, und das akzeptieren wir, indem wir uns in Neutralität üben. Das heißt nicht, dass wir alles, was andere machen, gutheißen. Aber zumindest geben wir Wesen und Sein dieser Person in uns Raum und lassen sie so sein, wie sie ist.

Ich bewege mich nun seit über zwölf Jahren aktiv in der spirituellen Szene und bin dabei sehr oft verurteilt worden. Zu Beginn hieß es: »Sie ist viel zu jung, was soll sie uns schon beibringen können?« Später hieß es: »Sie ist zu hübsch und zu aufreizend, sowas kann ja nicht spirituell sein.« Und so weiter. Aufgehört hat es bis heute nicht. Dabei müsste man ja denken, dass es in der spirituellen Szene bewusste Menschen gibt, die jeden anderen so sein lassen, wie er ist.

Gleichzeitig traten in meinen Kursen immer wieder Menschen an mich heran, die davon berichteten, dass irgendwelche spirituellen Lehrer behauptet hätten, sie wären in einem sehr kritischen Zustand und energetisch vergiftet. Deswegen sollten sie sich dringend von ihnen behandeln lassen, um das wieder in Ordnung zu bringen. Das nenne ich Machtmissbrauch und Manipulation. Jeder Mensch ist einzigartig und vollkommen auf seiner individuellen Entwicklungsebene. Wir geben uns alle Mühe, unser Bestes zu tun. Solche Urteile können so viel in einem Menschen kaputt machen! Die Wahrheit ist, dass wir alle goldene Funken sind und alles in uns tragen, was wir brauchen. Genau dieses Wissen möchte ich in den Menschen bestärken.

Den Zustand der Neutralität haben wir im Laufe unserer *Empower-Yourself*-Reise immer wieder geübt. Zum Beispiel mit den Atemübungen und der Quellverbindung. Diese Neutralität erscheint mir in unserer heutigen Zeit enorm wichtig. Die Grenzen zwischen den Kulturen lösen sich mehr und mehr auf, und wir werden immer öfter aufgefordert, andere Ansichten und Lebensweisen zuzulassen. Es braucht unsere Neutralität dafür, unser klares mitfühlendes Wahrnehmen. Genauso ist es, wenn du mit Menschen auf therapeutische Weise arbeitest.

Was ist es eigentlich, was unsere Welt heute am meisten braucht? Vielleicht sind es Menschen, die offen und bereit sind, alte Wege zu verlassen, neu zu denken, neu zu fühlen und gemeinsam eine Erde zu erschaffen, die für frische, lebensdienliche Ideen Platz schafft. Das liefert uns die Ebene der Neutralität. Hier können wir die flexibelste und kreativste Version von uns selbst trainieren. Als dieser Version stehen uns alle Türen offen, wir können alles sein, was wir sein wollen, und alles erschaffen, was wir erschaffen wollen.

Was hingegen fehlt einem spirituellen Lehrer, der solche Behauptungen aufstellt, wie ich sie zitiert habe? Neutralität und echtes Mitgefühl. Auch ich hatte in meinen Sitzungen oft Menschen, die in einer persönlichen Krise waren und Unterstützung brauchten. Aber niemals hätte ich sie mit derartigen Aussagen so sehr aus ihrer Mitte herausgerissen. Neutralität und echtes Mitgefühl, das schließt auch Einfühlungsvermögen ein.

Jeder von uns war schon einmal in einer Krise, das gehört zum Wachsen dazu. Außerdem sind wir alle eins. Wenn ich dich verurteile und verletze, tu ich mir das Gleiche an.

Die Ebenen unterhalb der 180

Ich will ganz ehrlich sein. So sehr ich das Frequenz-Chart liebe, so sehr hasse ich es auch. Das Ganze birgt nämlich die Gefahr, dass vor allem die Ebenen unterhalb der 180 falsch und rein negativ verstanden werden.

Nehmen wir an, es wurde für deine Gesamtschwingung 50 ausgetestet. Diese Ebene steht für Stumpfsinn und »resigniert«. Oberflächlich betrachtet könnte man nun sagen, dass du sehr niedrig schwingst und die dominanten Energien in deinem System momentan Stumpfsinn und Resignation sind. Ziemlich ernüchternd – und nicht korrekt. Denn wenn wir tiefer hinschauen, heißt es, dass du diese Ergebnisse benötigst, um endlich etwas zu verändern und aus alten Mustern auszusteigen. Es ist eine Aufforderung, dir ernsthaft darüber Gedanken zu machen, was dich in dein aktuelles Lebensgefühl geführt haben könnte. Die 50 ist ein stärkerer und lauterer Weckruf als eine 175 oder gar 250. Siehst du den Punkt? Das Leben und das Universum sind immer auf deiner Seite. Sie wollen dir keins auswischen und dich nicht ärgern. Ganz im Gegenteil. Sie wollen dich in deiner Entwicklung anspornen. Genau dafür können manchmal solche »negativen« Ergebnisse wie die 50 nötig sein.

Wie kommt man wieder auf eine höhere Ebene?

Das Erste und Wichtigste: Entspann dich. Auch mir passiert es ab und an, dass mein Ergebnis unterhalb der 180 liegt, das ist das Leben. Wenn alles immer nur schön und gut wäre, würden wir jeglichen Schwung verlieren.

Ich werde mich im Folgenden vor allem auf die Gesamtschwingung fokussieren. Bei den speziellen Themen und Organen, die du austesten könntest, kannst du dann sicherlich selbst kreativ werden.

Ebene 175: Stolz, überheblich

Frage dich: Ist es in letzter Zeit passiert, dass du andere Menschen verurteilt hast, weil sie deinen Standards nicht entsprochen haben? Kann es sein, dass sich die Tendenz, über andere zu lästern, in letzter Zeit in dir verstärkt gezeigt hat? Passiert es dir von Zeit zu Zeit, dass du denkst, besser und »weiter« zu sein als andere? Wenn du so etwas bei dir beobachtest, kannst du Folgendes tun:

1. Beginne, in den kleinen Dingen des Alltags Schönheit und Glanz zu erkennen, vor allem auch die Schönheit und Vollkommenheit in anderen.
2. Mach dir bewusst, dass du etwas Besonderes bist, egal, was du besitzt oder nicht besitzt. Geh am besten zurück in eine frühere Erfahrung, wo du dich einfach wohl mit dir gefühlt hast, ohne dafür etwas Besonderes zu leisten.
3. Trainiere dein Selbstbewusstsein, indem du dir bewusst machst, was deine Stärken und Potenziale sind.

Ebene 150: Wut, hasserfüllt

Frage dich: Wie oft ist es in letzter Zeit passiert, dass du wütend auf andere Menschen oder Situationen reagiert hast, obwohl das gar nicht unbedingt nötig gewesen wäre? Wie gestresst und überreizt fühlst du dich derzeit? Gab es neulich eine Situation, die dich verletzt und erschüttert hat, und du wusstest nicht, wie du damit umgehen sollst? Wut und Hass sind Reaktionen, auf die wir oftmals dann zurückgreifen, wenn wir überfordert sind oder befürchten, die Kontrolle zu verlieren.

Was kannst du tun, um diese Frequenz zu erhöhen?

1. Schnelle Abhilfe kann die Klopftechnik bringen, und zwar am Leberpunkt. Der befindet sich auf der rechten Seite des Bauches, genau zwischen den Rippen und dem Beckenknochen. Du kannst mit mehreren Fingern großräumig diese Stelle am Körper beklopfen. Meist reagiert sie auch mit einem gewissen Schmerz oder Druck. Während du klopfst, kannst du laut Sätze sagen wie: »Ich akzeptiere meine Wut und meinen Ärger und wähle jetzt, meine Wut und meinen Ärger loszulassen. Jetzt.« Ich bin ein großer Fan der Klopftechnik und habe darüber ausführlich in meinem Buch *Aura Coaching* geschrieben. Achte darauf, dass du beim Klopfen kraftvoll ausatmest und danach am besten ein Glas stilles Wasser trinkst, um dein System beim Abtransport toxischer Informationen zu unterstützen.

2. Frage dich, wann du mit Wut und Hass reagierst und was im Außen passieren muss, damit du in diese Reaktion verfällst. Vielleicht findest du ganz konkrete Dinge wie zum Beispiel, dass du wütend wirst, wenn dein Partner die Spülmaschine nicht ausgeräumt hat, obwohl er den ganzen Tag daheim

war. Wieso macht dich das wütend, und was siehst du in diesem Moment in deinem Gegenüber, was dich wütend macht? Wenn du deine Wut besser verstehst, wirst du sie auch einfacher steuern können.

3. Wut ist für mich eine maskierte Form von Angst. Unter der Wut liegt die Angst, nicht geliebt zu werden, wertlos zu sein, Dinge nicht kontrollieren zu können und ihnen ausgeliefert zu sein. Fakt aber ist, dass du deinen Wert nicht beweisen musst. Und es ist schlichtweg unmöglich, das Leben zu kontrollieren. Solche aussichtslosen Bestrebungen sind Ausdruck eines unkontrollierten Geistes. Stell dir vor, deine Gedanken sind wie ein wilder Affe, der von einem Ast zum anderen springt. Das Einzige, was ihn zur Ruhe bringen kann, bist du. Setz dich hin, schließ deine Augen und beginne, innerlich ruhig zu werden. Lausch deinem Atem und lass die Gedanken einfach vorbeiziehen. Übe das am besten täglich für ein paar Minuten. Der Affe in deinem Kopf wird aufhören, dich zu kontrollieren, und du wirst gelassener.

Ebene 125: Verlangen, süchtig

Tendierst du seit einiger Zeit zu Suchtverhalten? Suchst du immer wieder, in gewissen Dingen eine Belohnung oder Ablenkung zu finden? Flüchtest du von Zeit zu Zeit in Muster wie Über-Essen, um irgendeine Sehnsucht oder einen Schmerz zu betäuben?

Falls du dich darin wiederfinden kannst, scheinst du auf dieser Ebene des Verlangens zu schwingen. Wir sind alle schon einmal dort gewesen und kehren auch immer wieder einmal zurück zu dieser Ebene. Es ist menschlich, einen Ausweg aus unangenehmen Situationen zu suchen und dafür auch manchmal Irrwege zu wählen. Die Frage ist, ob wir es zulassen, dass diese Suche in schädliche Gewohnheiten mündet oder ob wir da wieder herausfinden.

Was kannst du konkret tun, um deine Schwingung zu verändern?

Beobachte und analysiere ganz genau, wie dein Suchtverhalten aussieht. Es kann mit einer konkreten Handlung zusammenhängen wie Rauchen, Alkoholgenuss oder übermäßigem Essen. Oder es ist eine Sucht nach Anerkennung und Belohnung. Es kann auch sein, dass du immer wieder die gleichen Emotionen und Gedanken erzeugst, weil du süchtig danach bist. Beobachte dich für mindestens drei Tage und mach dir Notizen dazu. Finde auch heraus, was der Trigger dieser Verhaltensmuster ist.

Nun heißt es, genauer hinzublicken und zu spüren, welche Emotionen dich jedes Mal überkommen, wenn du kurz davor bist, dem Suchtverhalten nachzugeben. Vielleicht ist es Angst, Frustration oder etwas anderes. Nimm hierfür gern die Liste der toxischen Emotionen und der Ressourcen von Seite 112ff. zu Hilfe.

Nun kannst du mit der Challenge No. 9: Emotionale Signatur – Signalqualität und Signalstärke erhöhen von Seite 110f. arbeiten, um die Emotionen zu neutralisieren.

Ebene 100: Angst, ängstlich

In meiner Wahrnehmung gibt es zwei Arten von Angst. Es gibt eine Angst, die dich lähmt, blockiert und passiv werden lässt. Und es gibt eine Angst, die dich antreibt und daran erinnert, dass es Kräfte in dir gibt, die du endlich nutzen solltest. Wir sprechen bei der Frequenz 100 von der blockierenden Angst, die dein Leben und deinen Körper vergiften kann. Gibt es Bereiche, wo dich eine solche Angst dermaßen blockiert, dass kein Wachstum und keine Veränderung möglich sind? Gibt es Dinge, die du gern verändern würdest, aber du hast Angst davor, zu scheitern oder verurteilt zu werden?

Die Energie der Angst kann unsere Schwingung drastisch senken. Aber die gute Nachricht ist, dass sich diese Angst in den meisten Fällen auch sehr schnell verwandeln lässt: in Mut und Kraft.

Was kannst du konkret tun, um deine Frequenz zu erhöhen und dich aus der Angst zu befreien?

1. Akzeptiere und liebe die angstvolle Version von dir selbst und auch die Version, die scheitert und vielleicht sogar ausgelacht und verurteilt wird. Stell dir vor, du begegnest dieser Version von dir, umarmst sie und gibst ihr dein absolutes Mitgefühl. Dadurch wirst du aufhören, die Angst zu bekämpfen, und sie wird sich mehr und mehr in Kraft verwandeln.

2. Frage dich, was du alles tun, alles sein und alles verändern würdest, wenn du keine Angst hättest. Wie fühlt sich das an? Mach diese Übung mehrmals am Tag. Dadurch gibst du deinem Gehirn eine Vorlage für eine neue, angstfreie Realität.

3. Frage dich, was dir deine Angst bis heute alles beigebracht und gezeigt hat. Denn die Angst ist nicht einfach nur schlecht und blockierend. Sie will dich in Bewegung halten.

Was geschieht unterhalb der 100?

Jemand, der sich täglich bewegt, auf gesunde Nahrungsmittel achtet, genügend an der frischen Luft ist und gut auf sich achtet, wird sehr selten und allenfalls sehr kurzfristig in der Zone unterhalb der 100 sein. Um dorthin sinken zu können, muss man wirklich einiges »falsch« machen.

Wenn du nicht auf dich achtgibst und dich an die Naturgesetze hältst, die für uns alle gelten, wird es niemand tun. Zudem können sich diese Schwingungsfrequenzen unterhalb der 100 nur dann zeigen, wenn du schon recht lange in toxischen Emotionen feststeckst und untätig geblieben bist. Alles, was wir bis jetzt auf unserer *Empower-Yourself*-Reise unternommen haben, zielt darauf ab, dich in Bewegung und dein persönliches Wachstum in Schwung zu bringen. Wenn du dich an die beschriebene Route hältst und wirklich praktizierst, kannst du eigentlich gar nicht unterhalb der 100 schwingen, denn dein System schwingt sich von allein immer wieder auf höheren Ebenen wie Dankbarkeit und Freude ein.

Schnelle Hilfe für die Zonen unterhalb der 100
Ich sage gern, dass ich fast kein Problem kenne, das man nicht mit naturbelassener Nahrung, Bewegung und frischer Luft lösen könnte. Denn all das ruft unsere inneren Ressourcen wach, die dafür sorgen, dass wir gesund und glücklich durchs Leben

gehen. Probiere es einfach aus und gib diese einfachen Dinge auch an die Menschen in deinem Umfeld weiter, die leiden oder mit einer sehr niedrigen Schwingung unterwegs sind.

- Nimm grüne Nahrungsmittel (am besten roh als Salat oder Smoothie) zu dir: Salate, Kräuter, Spinat und so weiter haben eine sehr hohe Frequenz und liefern dem Körper mit ihrem Chlorophyll eine hohe Dosis an Lebensenergie.
- Beweg dich mindestens dreißig Minuten am Tag, bis du schwitzt.
- Mach Atemübungen im Freien oder vor dem offenen Fenster (siehe Seite 161ff.).
- Übe mehrmals am Tag den Karate Chop. Dafür ballst du eine Hand zur Faust und klopfst damit in die Mitte der anderen Handfläche. Immer wieder wechseln. Du findest leicht deinen eigenen Rhythmus. Achte darauf, dass du dynamisch und kraftvoll klopfst. Dieses Switching neutralisiert dein gesamtes System innerhalb kürzester Zeit, es wirkt wie ein Reset.
- Mach nachmittags ein Nickerchen für mindestens zwanzig Minuten. Das wird dein Nervensystem beruhigen und dich regenerieren.

Ebene 0

Es kann sein, dass dein Testergebnis Ebene 0 ist. Doch keine Panik! Es ist alles in Ordnung mit dir. Denn in Wahrheit ist es gar nicht möglich, dass du eine Schwingung von 0 hast. Trotzdem gibt es die Ebene 0 auf unserem Chart, und es ist auch wichtig, dass es sie gibt. Wenn du sie für dich austestest, dann bedeutet es, dass zu lange nicht gut auf dich achtgegeben hast. Es bedeutet auch, dass du zu lange als Opfer durchs Leben gegangen bist und keine bewussten Signale deiner Kraft gesetzt hast. Die 0 ist ein Weckruf, ja, sogar schon ein Alarmsignal. Du musst jetzt etwas ändern. Und wenn du ganz ehrlich zu dir bist, weißt du das auch bereits. Vielleicht hast du genau dieses konkrete Signal benötigt, um endlich etwas zu unternehmen. Für manche Menschen erscheint dieses Signal in Form einer schweren Erkrankung, die sie die Handbremse ziehen lässt. Für dich ist es das Testergebnis aus dem Frequenz-Chart.

Mit *Empower Yourself* hast du alle Tools an der Hand, um dich auf höhere Ebenen zu schwingen. Es steckt viel mehr in dir, als du zu träumen wagst. Mach dich also auf den Weg und nimm dein Leben wieder in Besitz. Es erwartet dich eine Existenz, die deinen eigenen Maßstäben entspricht.

Dein Peace-Raum

Weiter geht es auf unserer Reise mit einer wichtigen Frage: Was bedeutet Frieden für dich? Was ist das für ein Gefühl, wenn du dich friedlich fühlst, wenn du inneren Frieden spürst? In einer Zeit, in der uns die Medien mit Schreckensgeschichten aus aller Welt überrennen und die meisten Menschen ihre materialistischen Ziele verfolgen, scheint Frieden wahrer Luxus zu sein. Ja, wir leben nun mal nicht in einer Welt, die nur aus Liebe und Licht besteht. Sie ist ein Trainingscamp, in der wir Seelen lernen und wachsen.

Dennoch ist innerer Frieden der Sauerstoff und das Wasser, die wir als spirituelle Wesen benötigen, um wachsen und gedeihen zu können. Dazu habe ich eine gute und eine schlechte Nachricht. Die gute Nachricht: Dieser Frieden ist frei verfügbar und für alle zugänglich. Die schlechte Nachricht: Er ist nicht selbstverständlich da und stellt sich auch nicht einfach automatisch ein, wenn wir ihn wollen.

Liebe, Glück, Erfüllung – all das ist nur möglich, wenn wir mit uns und unserer Welt in Frieden sind. Auch Erfolg und Freude im Leben würden wir gar nicht genießen können, wenn wir nicht im Frieden sind. Es muss uns erst bewusst werden, dass Frieden ein essenziell wichtiges Teilchen in unserem Mosaik eines vollkommenen Lebens ist.

Wenn du dich auf einen spirituellen Pfad begibst, wirst du dir eine wichtige Frage stellen müssen: Wie finde ich meinen Frieden in einer Welt des Chaos, der Kriege, der Ungerechtigkeiten und des kollektiven Schmerzes? Für deine ganz persönliche Antwort möchte ich dir ein paar Anhaltspunkte geben:

- Im Frieden zu sein bedeutet für mich, nachts mit dem guten Gefühl einzuschlafen, dass ich heute mein Bestes gegeben habe, um die Erde zu einem besseren Ort werden zu lassen.
- Im Frieden zu sein bedeutet für mich, dass ich mich bewusst für Liebe, Mitgefühl und Hingabe entscheide, auch in Momenten, in denen sich mein Ego wichtig macht.
- Im Frieden zu sein bedeutet für mich, zu wissen und zu trainieren, dass ich trotz allen Gegenwinds in meiner Mitte und Kraft sein kann, auch wenn ich von Zeit zu Zeit schwach bin.
- Im Frieden zu sein bedeutet für mich, anderen und mir selbst Fehler zu verzeihen und mich für Mitgefühl gegenüber allen Lebewesen zu entscheiden.

- Im Frieden zu sein bedeutet für mich, mein Bestes zu geben, um für andere Menschen eine Inspiration zu sein.

Diese Liste könnte ich noch weiterführen. Aber: Was sind deine Punkte? Was bedeutet Frieden für dich? Wenn du nicht so leicht darauf kommst, könntest du dich fragen, wann du dich das letzte Mal friedlich oder im Frieden gefühlt hast und was zu diesem Zeitpunkt anders war als sonst.

Ich empfinde das Maximum an innerem Frieden immer dann, wenn ich etwas tun und geben kann, um das Leiden auf der Erde zu verringern. Das gibt mir ein unbeschreiblich schönes Gefühl. Vor allem macht es mich innerlich ruhig. Ich weiß, dass ich nicht die ganze Welt vor dem Leid retten kann. Ich weiß aber auch, dass wir alle Schritt für Schritt etwas verändern können, wenn wir es wirklich wollen.

Hast du für dich bestimmt, was Frieden bedeutet? Dann können wir uns anschauen, wie du diesen Zustand so oft wie möglich erreichen und halten kannst. Genau an diesem Punkt kommt der Peace-Raum ins Spiel. Das ist ein energetisch in sich abgeschlossener Ort in deinem Herzen. Korrekter wäre es, zu sagen, dass dein Peace-Raum seinen Ursprung in deinem Herzen hat und sich von dort aus um deinen gesamten Körper und deine Aura herum aufbaut. In diesem Peace-Raum gelten deine Maßstäbe darüber, wie du dich fühlen möchtest, und vor allem geht es um den inneren Frieden.

Wissenschaftler haben herausgefunden, dass das elektromagnetische Feld des Herzens die Form eines Torus bildet. Aus diesem Grund bauen wir unseren Peace-Raum auch in dieser Form auf und verstärken dadurch das Feld unseres Herzens.

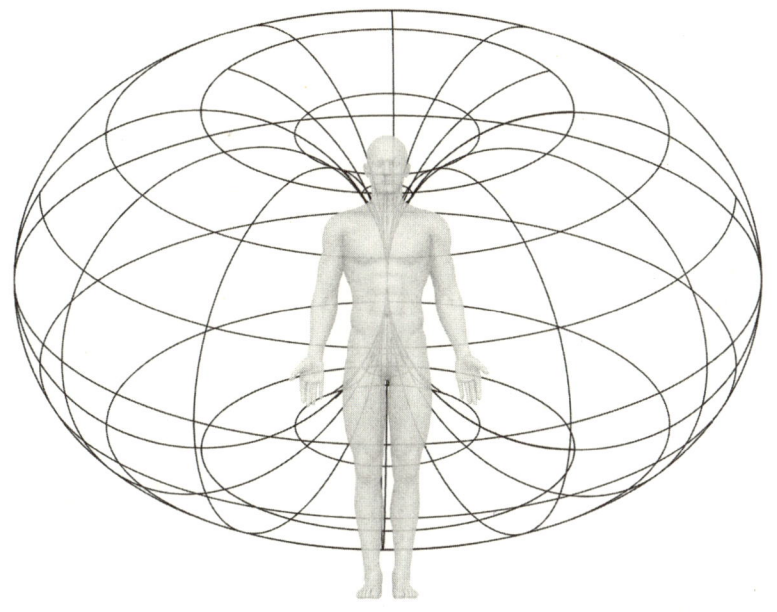

Wenn ich vom Peace-Raum spreche, meine ich gleichzeitig ein bestimmtes Training, das du ab sofort für dich umsetzen kannst. Es zielt darauf ab, dass du dich emotional und auch energetisch abschotten kannst, wenn du das möchtest. Dann kannst du dich bewusst dafür entscheiden, dass du nichts und niemandem die Macht gibst, deine Gefühle zu manipulieren und dir deinen inneren Frieden zu nehmen. Das ist eine Entscheidung, die du nicht einfach irgendwann mal fällst und dann ist gut. Du musst sie immer wieder fällen. Du musst es regelrecht trainieren, dich selbst zu schützen, wenn es nötig ist. Der Peace-Raum ist auch ein Scanner: Ist er aktiv, überprüft er vierundzwanzig Stunden am Tag dein Leben und fordert dich subtil auf, in deiner Kraft und in deinem Frieden zu bleiben.

Vielleicht hört sich das Ganze für dich anstrengend an. Das wird es nicht sein, das kann ich dir garantieren. Ganz im Gegenteil. Jedes Mal, wenn du Grenzen setzt, zu dir stehst und deine Kraft bei dir behältst, wird das ein wunderbares Erfolgserlebnis sein. Es wird dir rundum guttun, in deinem Peace-Raum zu sein, und es wird dir von Tag zu Tag leichter fallen.

Challenge No. 18: Den Peace-Raum erschaffen und halten

Mach dir bewusst, was Frieden für dich bedeutet – das hast du am Anfang des Kapitels zum Peace-Raum bereits getan.

Stell dir deinen Peace-Raum als Torus um deinen Körper herum vor und spür, wie er aus deinem Herzen heraus entsteht. Nutze dann das Mantra: »Ich bleibe in meinem Frieden.« Während du das Mantra sagst, stell dir vor, wie dein Torus in vielen Farben um dich herum vibriert und immer strahlender wird.

Übe das immer wieder, bis es zu einer Gewohnheit wird, deinen inneren Frieden zu schützen. Wenn dich dann Menschen oder Situationen darin stören wollen, kannst du das Empfinden und das Mantra leicht abrufen und mit ihrer Hilfe im Frieden bleiben.

Spirituelle Ressourcen, dein geistiges Team und die Geheimnisse eines erfüllten Lebens

Auf meinem Weg habe immer wieder Menschen getroffen, die davon sprachen, ihren Frieden nicht finden zu können, weil sie auf der Erde nur Ungerechtigkeit sehen und sich hier nicht zu Hause fühlen. Ich traf immer wieder andere, die eine starke Verbindung zur geistigen Welt hatten, aus der heraus sich für sie wahrer Frieden einstellte. Genau in diese Materie möchte ich nun mit dir einsteigen, es ist die nächste Stufe auf der Bewusstseinsleiter, die wir hier erklimmen wollen.

Ich weiß nicht, wann genau es in meinem Leben begonnen hat, aber ich denke, es muss schon sehr früh gewesen sein. Ich spürte in mir einen inneren Drang, ja sogar den bebenden Wunsch herauszufinden, wozu wir Menschen in der Lage sind. Geistig und mental vor allem. Und es gab einiges, was an mir komplett anders war als beispielsweise an meinen Schwestern. Ich sprach davon, dass ich Farben und Lichter sehen würde, die sonst niemand sah. Ich wich beim Laufen immer wieder Dingen aus, die keiner außer mir zu sehen schien. Ich sprach von Menschen und Wesen, die meine Freunde waren, aber niemand außer mir nahm sie wahr. Und, ja, ich konnte meinen Körper verlassen. Das war eigentlich eins von meinen liebsten Hobbys. Immer in der Früh blieb ich noch ein wenig mit geschlossenen Augen im Bett liegen und »beamte« mich ohne Körper, nur als Geist, in der Wohnung herum oder sogar manchmal auf die Straße und auf den Spielplatz. Ich fand das lustig. Es gab so viele erstaunliche Dinge, die ich unternehmen konnte, und so lebte ich in meiner eigenen Welt. Dort war ich allerdings nicht allein, denn meine Großmutter, die vieles von dem, was ich wahrnahm, auch sehen konnte, war meine Lehrerin. Nach ihrem Tod war ich sehr einsam in meiner Welt, und auch wenn der Rest der Familie über meine Andersartigkeit Bescheid wusste, waren dennoch alle etwas überfordert mit mir.

Je älter ich wurde, desto interessanter wurde das Ganze, denn ich konnte nun auch in die Körper der Menschen hineinblicken und sehen, ob gewisse Stellen und Organe belastet waren. Es dauerte nicht lange und die Nachbarn, die davon erfuhren, stürmten unser Zuhause und wollten gescannt und geheilt werden, denn von meinen Händen ging eine heilende Wärme aus. Irgendwann unterband mein Vater all das und gab sein Bestes, um mich zu einem normalen Menschen heranwachsen zu lassen.

Ob ich heute normal oder komplett verrückt bin, wer weiß. Immerhin habe ich mich als extremer Sonderling ganz tapfer durchs Leben geschlagen. Leicht war es nicht. Ich hatte schon immer das Problem, dass ich nicht verstand, wieso die Menschen gewisse Dinge taten, wieso sie traurig waren oder wieso sie sich selbst und andere Menschen anlogen. Ich fühlte mich als Kind oft wie ein Alien, und es war sehr schwierig, so zu tun, als wäre ich so wie alle anderen. Oft lag ich nach dem Kindergarten heulend im Bett und wollte einfach nur normal sein.

Vielleicht denkst du dir: Wow, toll, Aura sehen und mit Wesen sprechen! Natürlich ist das toll. Aber man muss erst lernen, damit umzugehen. Als kleines Mädchen wusste ich noch nicht, dass ich diese Wahrnehmungen ein- und ausschalten kann. Heute bin ich Meisterin darin, und wenn ich »normal« leben will, schalte ich mich in eine Art Offline-Modus und sehe nur noch das, was jeder andere auch sieht.

Da ich von klein auf mit der feinstofflichen Welt verbunden war, hatte ich auch einen intensiven Bezug zu Gott, Spirit, Quelle oder wie auch immer du es nennen möchtest. Ich spürte und wusste, dass es da ein höheres Prinzip gibt, das unsere und auch alle anderen Welten erschaffen hatte. Meine Oma sagte mir immer wieder, dass alle Menschen diese Verbindung zum Spirit haben, aber dass viele das vergessen haben. Sie machte mir deutlich, dass ich aufgrund meiner Fähigkeiten nicht anders war als andere. Mein Draht nach oben war nur einfach stärker.

Wie sieht es bei dir aus? Wie empfindest du deinen Draht in die spirituelle Welt? Es kann sein, dass du bis zum heutigen Tag weder gespürt noch erfahren hast, dass es etwas Höheres als Gott oder die Geistige Welt gibt. Manchmal haben sich Menschen regelrecht dazu entschlossen, nicht daran glauben zu wollen. Wir können es ohnehin nie vom Kopf her wissen. Aber: Wir können es fühlen, und das kann unser ganzes Leben verwandeln.

Eines ist wichtig: Es gibt keinen Spirit, keinen Gott und keine Geistige Welt, wenn du dich nicht dafür öffnest. Wir sprachen bereits davon, dass du dir dein eigenes Universum erschaffst und dass das, was du erschaffst, zu deiner Realität wird. Wenn du Nein sagst zum Göttlichen, dann gibt es einfach nichts Göttliches. Nicht für dich.

Wenn ich dich in mein Universum einladen und dich meine Welt wie einen Kinofilm sehen lassen könnte, würdest du Spirit und die Geistige Welt sehen und fühlen können, weil es sie für mich gibt. Wenn der Film zu Ende wäre, würdest du aus dem

Kino herausgehen und weiterhin an das glauben, was deine Welt ausmacht – ob mit oder ohne Spirit. Ich kann dich nur auf etwas hinweisen, sehen und fühlen musst du es selbst, wenn du das möchtest.

Spiritualität hat nichts mit Wahrsagerei, Kristallkugeln und Aura-Sprays zu tun. Die gehören eher zur Esoterik. Spiritualität ist etwas sehr Individuelles, ich würde sogar sagen Intimes. Es ist deine Liebesgeschichte mit dem Unendlichen und wie ihr es schafft, miteinander eine spannende und transformierende Beziehung zu führen. Viele Menschen wagen erst dann einen Schritt in ihre Spiritualität, nachdem sie eine schwere Phase im Leben hatten, vielleicht sogar einen Unfall mit einer Nahtoderfahrung. Erst dann beginnen sie, sich dafür zu öffnen, dass es etwas geben könnte, das größer, weiser und höher ist als sie selbst. Sie spüren, dass sie mit dieser Essenz verbunden sind, ja sogar ein Teil davon.

Wir alle sind Geistwesen. Das klingt erst mal seltsam, aber als Geistwesen bezeichne ich einfach unsere feinstoffliche Form. Wenn wir alles Grobstoffliche und Erdgebundene eines Menschen wegnehmen, bliebe nur noch sein Geistwesen übrig. Dieses Geistwesen ist unsterblich und auch nicht an die Naturgesetze der Erde gebunden. Es ist wie im Film »Ghost«: Nach seiner Ermordung bleibt der Mann an der Seite seiner Frau, um sie zu beschützen und zu helfen, den Mordfall aufzudecken. Er bewegt sich als »Geist« durch ihr Leben, und dank einer hellsichtigen Frau schafft er es, mit ihr zu kommunizieren.

Wir alle kommen als Geistwesen zur Erde, haben hier eine Zeit lang einen Körper und gehen dann wieder. Wie aber ist derweil unsere Verbindung zum Geistigen? Das ist eine wesentliche Frage. Anders formuliert würde sie lauten: Wie intensiv lebst du deine Spiritualität? Denn ein spiritueller Weg kann dir dabei helfen, dich als ein freies Wesen zu fühlen, das mit etwas Größerem und unendlich Intelligentem verbunden ist. Wenn du dir das bewusst machst, dürften sich einige Dinge für dich verändern. Hier ein paar Beispiele:

- Du gehst viel gelassener und entspannter durch das Leben, weil du weißt, dass dieses höhere Prinzip mit dir zusammenarbeitet. Du tust deinen Teil in der allerbesten Absicht. Du zeigst, dass dir deine Ziele und Visionen wichtig sind, und alles, was du nicht beeinflussen kannst, lässt du los. Denn du weißt, dass sich das Universum auf die optimale Weise darum kümmern wird. So lebt es sich viel leichter.
- Du jammerst nicht mehr über die Umstände, weil du weißt, dass es einen höheren Plan gibt, auch wenn du den nicht immer verstehst.
- Du nimmst dich selbst nicht mehr so ernst und denkst nicht mehr, dass sich alles um dich dreht oder du der wichtigste Mensch auf Erden bist. Du erkennst stattdessen, dass jeder Mensch liebenswert, kostbar und einzigartig ist. Du begreifst, dass nichts, was Menschen tun oder sagen, gegen dich gerichtet ist. Jeder lebt seine Version dieses Spiels auf der Erde und auch du spielst einfach mit.
- Du bist fröhlicher, lebendiger und auch verrückter. Denn eine enge Ernsthaftigkeit entspricht nicht deinem spirituellen Erbe, das du nun voll und ganz lebst.
- Deine Gewohnheiten wandeln sich ins Positive. Du lebst, wie es der spirituellen Version deiner selbst entspricht. Du gehst bewusster mit deinem Körper um und gibst ihm das, was er wirklich braucht.

Spiritualität ist kein Hokuspokus. Es geht darum, dass du all das aus deinem Selbstbild entfernst, was du nicht wirklich bist, und erkennst, wer du in Wahrheit bist. Du musst es also nicht mal spirituell nennen. Sei einfach du selbst. Das ist das Spirituellste, was es gibt.

Doch hier entsteht für die meisten ein großes Fragezeichen: Wie kann ich mehr ich selbst sein? Nun, es ist ein lebenslanger Weg, und er hört auch nicht in diesem Leben auf. Schon viele Male wurdest du geboren und du wirst mit sehr hoher Wahrscheinlichkeit erneut inkarnieren. Jedes Leben ist eine Gelegenheit, dich wie eine Zwiebel zu schälen. Jedes Mal ziehst du eine weitere Schicht ab, die das, was du wirklich bist, verhüllt, bis du beim Kern deiner selbst angekommen bist. Dort findest du deine Essenz. *Empower Yourself* und all seine Tools können diese Geschichte vielleicht beschleunigen.

Wie kannst du nun aber ganz konkret deine spirituellen Ressourcen heben, deine Verbindung zum Unendlichen und Göttlichen stärken und dich als Geistwesen bewusster wahrnehmen? Da kommen ein paar starke Verbündete ins Spiel.

Unsichtbare Freunde

Hast du schon einmal von Kindern gehört, die von ihren Freunden sprechen, die aber nur sie selbst sehen können? Warst du vielleicht selbst so ein Kind, das mit unsichtbaren Gefährten spielte? Auch wenn das sehr häufig vorkommt, wird es meistens von den Erwachsenen als Hirngespinst und Fantasie abgetan. Was aber, wenn das, was diese Kinder sehen, nicht einfach nur Fantasie ist? Was, wenn Kinder einfach noch nicht diesen »Erwachsenen-Filter« haben, der diese andere, die Geistige Welt ausblendet? Die Antwort hierauf kann nur jeder für sich finden. Ich arbeite nun schon sehr lange mit der Geistigen Welt zusammen, unterstütze Menschen darin, das Gleiche zu tun, und kann dir aus meiner Perspektive sagen: Die Geistige Welt ist ständig um uns, die Wesen dort begleiten und unterstützen uns und helfen uns dabei, unsere Lebensaufgabe zu erfüllen.

Letztlich geht es hier nicht darum, das zu glauben oder nicht. Und um Beweise geht es auch nicht. Wir können die geistigen Wesen nicht erpressen. Wir können einfach nur die Bereitschaft zeigen, dass wir gern näher mit ihnen verbunden sein wollen. Wir können uns für sie öffnen – und dann werden Zeichen, Botschaften und andere »Beweise« folgen. Wenn du diese Bereitschaft in dir spürst, dann kannst du die folgende Übung ausprobieren.

Challenge No. 19: Verbindung zur Geistigen Welt und deinem geistigen Team

Such dir einen ganz besonderen Ort. Er sollte in deiner Nähe sein, sodass du ihn einmal pro Woche aufsuchen kannst. Dieser Ort kann irgendwo im Wald oder in der Natur sein oder es kann auch ein Platz in deinem Zuhause sein, der schön dekoriert ist und etwas Tempelähnliches für dich ausstrahlt. Du solltest ihn nicht für rein alltägliche Zwecke nutzen, er sollte wirklich etwas Besonderes sein, auch wenn es einfach nur eine Ecke in einem Zimmer ist. Wenn du diesen Ort gefunden hast, richte ihn so her, dass du dich dort bequem hinsetzen kannst.

Draußen kann das auch auf einem Baumstumpf oder etwas Ähnlichem sein.

Als ich noch in Ingolstadt lebte, war mein besonderer Ort eine kleine Stelle im Wald hinter einem See, wo es eine Lagerfeuerstelle gab. Es war dort sehr abgeschieden und mystisch. Ich bin mir sicher, dass auch du etwas Stimmiges finden wirst.

Nun nimm dir an einem bestimmten Wochentag zu einer ganz bestimmten Stunde Zeit für ein Date mit deinem geistigen Team. Du gehst zu deinem Platz, setzt dich hin und bist einfach nur da, ohne irgendetwas Bestimmtes zu tun. Glaub mir, allein das kann schon eine Herausforderung sein. Du stellst dir nichts Spezielles vor und tust nichts, sondern bist einfach nur da. Gern kannst du auch deine Augen schließen und einfach dort sitzen. Nimm dir dafür mindestens fünfzehn Minuten Zeit und schau einfach mal, was passiert.

Im Freien kann es sein, dass Tiere oder Vögel direkt vor deiner Nase auftauchen oder dass Gefühle in dir aufsteigen. Vielleicht verändern sich deine Gedanken oder du fantasierst herum, wie deine geistigen Begleiter aussehen könnten. Menschlich oder eher wie Engel oder Lichtwesen? Wenn solche Ideen da sind, spiel damit. Und wenn du dich beginnst, zu langweilen, freu dich darüber. Langeweile kann auch etwas Schönes sein, sie entschleunigt das Leben.

Es ist wichtig, dass du dieses Ritual einmal in der Woche durchführst und beobachtest, was sich in deinem Leben verändert. Denn es kann sein, dass du bald auch im Alltag immer häufiger Signale und Empfindungen erhältst, die dich an deine Verbindung in die Geistige Welt erinnern.

Vielleicht möchtest du, wenn du bei deinem jour fix mit deinem geistigen Team zu Hause bist, auch eine Kerze anzünden oder irgendeine für dich besondere Musik abspielen. Werde kreativ mit dieser Challenge. Es gibt nichts, was du falsch machen könntest. Du wirst mit dieser Übung nicht nur deinen Freunden aus der Geistigen Welt näher kommen, sondern auch dir selbst.

Übe dich in Demut, Geduld, Hingabe und Gelassenheit

Hast du schon einmal diesen Satz gehört: »Alles kommt zum richtigen Zeitpunkt zu dir.« Jedes Mal, wenn ich ihn früher hörte, zuckte ich innerlich zusammen. Denn ich bin ein sehr pro-aktiver und auch ungeduldiger Mensch und möchte am liebsten alles jetzt sofort erledigen. Ich möchte die Dinge, die mir wichtig sind, nicht dem Schicksal überlassen, sondern in die Hand nehmen. Dieser Satz widersprach mir komplett – bis zu einem Tag, an dem ich eine Erkenntnis hatte. Damals war ich in Nepal in einem buddhistischen Kloster und hatte eine Unterhaltung mit einem Mönch. Wir saßen in der Abenddämmerung in der kleinen Kantine und tranken Gewürztee. Es war sehr kalt, und ich war in eine Wolldecke eingehüllt. In so einem Kloster lernt man wirklich, was Entschleunigung bedeutet, und so saßen wir mehrere Stunden zusammen und philosophierten. Obwohl er mich nicht kannte, schien es doch irgendwie so, als ob das, was er mir sagte, genau das war, was ich hören musste. Denn er sprach davon, dass zu intensives und starkes Wollen den harmonischen Fluss der Dinge verhindern kann. Wenn wir uns diesen harmonischen Lauf der Dinge wie einen Wasserschlauch vorstellen, ist klar, dass zu viel Druck von den Seiten den Fluss hemmt. Es kann sogar sein, dass der Schlauch platzt. Ähnlich machen wir manchmal dem Universum so viel Druck, dass es uns unsere Ziele und Wünsche erfüllt, dass es einfach dicht macht. Wir wollen etwas so sehr, dass das Wollen zur Blockade wird. Auf der anderen Seite entfalten wir immer dann unsere wahre schöpferische Genialität, wenn wir uns nicht stressen und uns treiben lassen. Erst dann werden wir kreativ.

Empower Yourself ist eine Art Roadmap, die dir Wege aufzeigt, genau das zu leben, was dein Potenzial und deine Erfüllung ist. Es ist aber keine Reise, durch die du dich hetzen oder durchboxen solltest. Es geht hier auch nicht um Motivation und Dranbleiben um jeden Preis. Es geht darum, dass du deine Energie und Aufmerksamkeit aktiv in die Dinge lenkst, die du steuern kannst. Alles, was außerhalb deiner Reichweite liegt, lässt du hingegen los. Du überlässt diesen Rest dem harmonischen Fluss des Lebens. Ich persönlich musste das erst lernen, denn sehr lange Zeit dachte ich, dass ich die ganze Last meiner Ziele und Visionen allein zu tragen habe. Doch das ist nicht so. Weder du noch ich noch irgendein Mensch auf der Erde ist allein. Das, wonach du dich sehnst, wonach du deine Hände ausstreckst, dehnt sich auch dir entgegen. Das Universum reicht dir die Hand und unterstützt dich.

Die einzige Frage ist: Hast du wirklich alles in deiner Macht Stehende getan, um dein Ziel zu erreichen? Wenn ja, wunderbar. Den Rest kannst du loslassen. Wenn nein, dann tu das Nötige und übe dich danach in Demut, Hingabe und Geduld. Gib dem Universum den Raum, deine Visionen zu manifestieren. Ich stelle mir gern vor, dass das Universum Luft benötigt, um meine Wünsche verwirklichen zu können. Doch wenn ich ihm den Hals zuschnüre und es zwingen will, passiert gar nichts. Es ist wunderbar, sich mehr der Möglichkeit zu öffnen, dass es eine höhere Instanz gibt, der wir so viele Dinge überlassen können.

Es gibt natürlich auch die Menschen, die zu viel oder sogar alles dem Universum überlassen wollen und passiv werden. Das geht nicht auf, denn das Universum möchte sehen, dass es dir ernst ist mit deinem Ziel und dass du wirklich bereit bist, etwas dafür zu tun. Erst dann arbeitet es mit.

Frage dich also:

- Hast du von Zeit zu Zeit Angst loszulassen, weil du befürchtest, dass dann alles zusammenbrechen könnte?
- Hast du das Gefühl, dass du für alles, wirklich alles in deinem Leben verantwortlich bist und dass alles deine »Schuld« ist?
- Empfindest du die Ungerechtigkeiten auf der Erde als belastend und schmerzhaft und fühlst dich dafür verantwortlich?
- Denkst du, dass du zu unwichtig, zu klein bist, um etwas für dich, für andere und diese Welt zu verändern?
- Bist du sehr streng zu dir, wenn Dinge nicht perfekt laufen?
- Bist du auch streng zu den Menschen um dich herum, wenn sie nicht perfekt funktionieren?

Je mehr Fragen du mit Ja beantwortet hast, desto mehr solltest du dich in Demut, Hingabe, Vertrauen und Gelassenheit üben. Vielleicht beginnst du damit, die Fragen in bestärkende Aussagen umzuformulieren, zum Beispiel so:

- Auch wenn ich loslasse, wird das höhere Prinzip hinter allem mir und meinem Leben Stabilität und Sicherheit verleihen.

- Ich gebe immer mein Bestes und tue, was in meiner Macht seht. Alles andere überlasse ich dem harmonischen Fluss des Lebens.
- Ich kann nicht alle Ungerechtigkeiten auf der Welt stoppen, aber ich kann meine Reaktion darauf verändern und in meine Kraft und Mitte kommen.
- Ich bin ein wichtiger Teil des kosmischen Plans, genauso wie jeder andere Mensch um mich herum.
- Ich erkenne meine Schönheit auch in meiner Unvollkommenheit.
- Ich erkenne die Schönheit der Unvollkommenheit in anderen Menschen.

Belastende Fragen, die auch häufig Teil des inneren Dialogs sind, in Affirmationen umzuwandeln – das ist ein guter Weg, damit umzugehen. Verwandle solche Fragen also immer wieder in positive Sätze, die dich in deiner Hingabe, deiner Demut und deinem Vertrauen in das höhere Prinzip bestärken.

Wir Menschen sind nicht perfekt. Als du dich als Seele für dieses Leben entschieden hast, hat niemand gesagt, dass es einfach sein würde. Aber du hast dich dennoch dafür entschieden. Deswegen kann es nur eines geben: sich entsprechend dieser Entscheidung zu verhalten und das Beste zu geben, um aus diesem Leben ein Meisterwerk werden zu lassen. Die schönsten Meisterwerke sind nicht die, die makellos sind, sondern die, die »unschöne« Stellen haben, durch die das Licht unentdeckter magischer Welten durchdringen kann. Lass uns jetzt also den Feinschliff an deinem Meisterwerk machen und am Ende unserer *Empower-Yourself*-Reise noch einmal ganz neu über deine Gewohnheiten und deinen Lifestyle sprechen.

Dein Lifestyle,
deine Gewohnheiten, dein Leben

Ich treffe durch meine Arbeit auf sehr viele Menschen. Menschen, die Unterstützung suchen, Menschen, die ein nächstes Level erreichen wollen, und auch solche, die als Lehrer und Coaches arbeiten und Inspiration suchen. Egal an welchem Punkt sie stehen, meistens kann man sie klar einer von zwei Gruppen zuordnen. Die einen sprechen von einer gewissen inneren Haltung, einer Philosophie oder Spiritualität, aber man spürt davon nichts. Es ist wie eine leere Hülle, und ich weiß in meinem Inneren, dass das einfach nur Wissen ist, das abgerufen wird, und dass diese Menschen all das nicht mit Leben füllen.

Auf der anderen Seite gibt es die Menschen, die das, wovon sie sprechen, auch tatsächlich in ihr Leben integriert haben. Sie sind keine leeren Hüllen, sondern lebendige Wesen, die mit allem, was sie sind und was sie wollen, brennen und innerlich vibrieren. Und eigentlich gibt es da noch eine weitere Gruppe, und zwar die Menschen, die wirklich so leben wollen, wie sie es in ihrem Kopf haben, es aber einfach nicht schaffen oder nur für eine kurze Phase aufrechterhalten können.

Zu welcher Gruppe du dich zählst, ist letztlich gar nicht so wichtig. Wichtig ist nur, dass du ab sofort das, was du in deinem

Herzen trägst und leben möchtest, auch zu manifestieren beginnst. Konkret könnte das alles Mögliche heißen. Wenn du dich entschieden hast, gesünder zu leben, solltest du dir in der Früh nicht als Erstes eine Zigarette anzünden. Wenn du endlich deine Wohlfühlfigur haben willst, solltest du nicht ständig Nudeln essen und Cola trinken. Wenn du dich dafür entschieden hast, deine Beziehung zu deinem Mann oder deiner Frau harmonischer werden zu lassen, solltest du aufhören zu nörgeln und dich stattdessen selbst fragen, wie du zu einem noch besseren Partner werden kannst. Wir können dieses Spiel für alle Bereiche des Lebens fortsetzen. Es geht nur darum, dass du das, wofür du dich entschieden hast, auch zu verkörpern und zu leben beginnst. Dann bleiben es nicht einfach nur Konzepte in deinem Kopf, sondern es manifestiert sich in deinem Tun.

Ein neues Spiel

Wir gehen jetzt vom Denken und Fühlen ins Tun. Du hast bis hierhin jede Menge gelernt und ausprobiert – nun geht es daran, es in den Alltag zu bringen. Denn wenn du dein Leben, deine Gewohnheiten und deinen Lifestyle nicht an das anpasst, was du gelernt hast, wird sich nichts verändern. Du könntest dieses Buch noch fünfmal lesen, den ganzen Tag meditieren und visualisieren, wenn du die Stufe der Manifestation nicht eroberst, wird einfach nichts passieren. Deswegen hier die wesentlichen Schlüsselsätze:

- Lebe und werde zu dem, wofür du dich aus dem Herzen heraus entschieden hast.

- Handle, atme und bewege dich nach den Maßstäben, die du dir selbst gesetzt hast.
- Frage dich: Wie würde ein Mensch mit meinen Visionen und Herzenswünschen agieren, leben, atmen, sich bewegen?

Diese letzte Frage könnte dein Game-Changer sein, etwas, das wirklich den Unterschied macht und dich unaufhaltsam zu der Realität führt, für die du dich entschieden hast.

Challenge No. 20: Der Game-Changer

Sagen wir mal, eine von deinen Lebensvisionen ist es, finanziell unabhängig und im Fluss zu sein und dir keine Sorgen mehr über das Geld machen zu müssen. Die Technik ist einfach: Du fragst dich möglichst oft, ob eine Person, die finanziell unabhängig ist, sich so bewegen würde, wie du es gerade tust, ob sie so gucken würde, ob sie sich so ernähren würde, ob sie so mit ihren Mitmenschen umgehen würde, ob sie morgens so erwachen würde, ob sie abends so ins Bett gehen würde, ob sie ihre Mittagspause so verbringen würde, ob sie so schlafen würde, ob sie so Sex haben würde und so weiter. Unwillkürlich beginnst du, dein Verhalten zu verändern und als die Person zu leben, die diese Vision für sich verwirklicht hat.

Du beginnst, dich auf allen Ebenen »umzuprogrammieren«, und ich meine wirklich: auf allen Ebenen. Denn auf einmal wirst du beginnen, Dinge wahrzunehmen, die du vorher nicht gesehen hast, weil du die ganze Zeit in einer Negativschlaufe warst. Deine Zellen werden neue Kräfte abfeuern, weil du neue

Signale setzt. In deiner DNA werden neue Programme zugeschaltet, die dir helfen werden, deine Ziele zu erreichen. Wieder andere werden ausgeschaltet, weil sie dich blockieren. Deine feinstofflichen Körper werden die energetischen Signale, die du aussendest, in solche verändern, die deinem neuen Verhalten entsprechen. Dein Körper wird die Version von dir modellieren, die dieser neuen Realität, die du ja bereits lebst, entspricht. Du siehst, es kann viel passieren. Diese Übung hat auch mein Leben enorm verändert und bereichert.

Vielleicht suchst du dir einfach fünf Tätigkeiten des Alltags, die du ganz bewusst als dieser Mensch erlebst, der deiner Vision entspricht. Das kann alles sein, was du mit Einsatz deines Körpers machst. Nehmen wir zum Beispiel an, dass es eine von deinen großen Visionen ist, eine erfolgreiche Yogaschule zu gründen. Eine der Tätigkeiten, die du zum Üben wählst, ist das Zähneputzen. Wie also putzt eine Yogaschulen-Besitzerin die Zähne? Sicher nicht im Kopfstand, aber sie wird sicherlich bewusster dastehen und ganz bei der Sache sein. Sie wird vielleicht auch gelassener und glücklicher sein, möglicherweise sogar erfüllter. Es geht um die innere Haltung, die sich ändert, was zu äußeren Anpassungen führt. Manchmal genügt es einfach auch, sich die Frage zu stellen, wie eine erfolgreiche Yogaschulen-Inhaberin Zähne putzen würde, einfach diesem Impuls nachzugehen und zu beobachten, was sich verändert.

Die Intention hinter *Empower Yourself* ist, dass du dich für die Version deiner selbst öffnest, die gesund, glücklich, kraftvoll und frei durchs Leben geht, die Liebe schenkt und andere Menschen darin inspiriert, das Gleiche zu tun. Auch dafür kannst du den Game-Changer sehr gut einsetzen: Frage dich, wie diese kraftvolle Version von dir atmen, gehen, denken, handeln, leben würde. Frage dich, was du heute sein, geben und erfahren kannst, um diesem Ziel näher zu kommen.

Was aber, wenn es in dir Gewohnheiten gibt, die stärker sind als dein Wunsch, deine Vision zu leben? Was, wenn du schon seit Jahren immer wieder in die gleichen Gewohnheiten rutschst, die dir nicht guttun? Vielleicht erinnerst du dich an unseren Lifestyle-Check ganz am Anfang unserer gemeinsamen Reise (Seite 19ff.). Wirf doch jetzt noch einmal einen Blick darauf, was du damals geschrieben hast. Und reflektiere darüber, was sich bis jetzt bereits verändert hat. Wenn es da noch ein paar hartnäckige unschöne Gewohnheiten gibt, die wie Kaugummi an dir kleben, dann wird es Zeit, sie ein für alle Mal aus deinem Leben zu streichen: mit der Gorilla-Technik.

Die Gorilla-Technik

Welches ist deine hartnäckigste Gewohnheit, die dich an dem Leben hindert, das du eigentlich führen möchtest? Das kann ein konkretes Verhalten sein wie zum Beispiel Überessen, Rauchen oder übermäßiger Alkoholkonsum. Es können aber auch Gedanken und Gefühle sein, nach denen du süchtig bist, wie »Ich bin nicht gut genug« oder »Ich kann das nicht.« Entscheide dich jetzt für eine solche Gewohnheit – und dann starten wir mit der Gorilla-Technik, die diese Gewohnheit auflösen wird.

Challenge No. 21: Gorilla-Technik

Geh für einen Moment in dich und sieh dich selbst in der Version von dir, die frei von dieser Gewohnheit ist. Geh in das Gefühl der Leichtigkeit, Freude und Gesundheit hinein, das dieser Mensch hat. Du weißt, dass dieses Verhalten keine Macht über ihn hat.

Schließ nun deine Augen und roll sie sanft nach oben – du gehst wie bereits gewohnt in den Gammazustand. Blicke sanft nach innen in die Mitte deines Kopfes und lass die Augen in dieser Position ruhen.

Sprich laut Folgendes: »Alle Gewohnheiten, die die kraftvollste Version meiner selbst einschränken oder blockieren, werden erfolgreich entfernt. Neue Gewohnheiten, die mich der kraftvollsten Version meiner selbst näher bringen, werden installiert. Es bilden sich neue Verbindungen in meinem Gehirn und in all meinen Teilen, es sind Autobahnen für neue, gute Gewohnheiten und meinen neuen Lifestyle. Auch wenn ich nicht weiß wie, lasse ich es jetzt zu, dass diese Verbindungen aufgebaut werden. Jetzt. Jetzt. Jetzt.«

Jetzt stell dir innerlich die Frage: Wieso fällt es mir so leicht, schädliche Gewohnheiten loszulassen und neue zielführende Gewohnheiten zu installieren? Vielleicht tauchen Antworten auf, vielleicht nicht. Das ist nicht wichtig.

Deine Augen bleiben weiterhin geschlossen, du kannst sie jedoch in eine natürliche Position zurückbringen. Nimm ein paar tiefe Atemzüge und entspann dich.

Wir stellen nun eine Neurokohärenz in dir her. Das bedeutet, dass all die Teile, die dich ausmachen, in die gleiche Richtung zielen werden, um die kraftvollste Version von dir zu erschaffen.

Verschränk dafür die Hände und leg sie dir in den Schoß. Du wirst deine Hände automatisch so verschränken, wie es für dich angenehm ist, doch dieses Mal mach es bitte so, dass es sich für dich ungewohnt anfühlt: Es wird also der andere Daumen oben sein als sonst. Du bist jetzt bereits außerhalb deiner Komfortzone. Entspann dich dennoch und atme ganz tief und ruhig weiter.

Nun sprich: »Ich besitze alle Ressourcen, um mich außerhalb meiner Komfortzone wohlzufühlen. Ich habe alles in mir.« Nun zähle innerlich von fünfzehn zurück bis eins und denk währenddessen an die Gewohnheit, die du deinstallieren möchtest. Wenn du bei der Eins angekommen bist, lässt du diese Gewohnheit gedanklich wieder los.

Sieh vor deinem inneren Auge einen Schalter, wie einen Lichtschalter.

Dieser Lichtschalter steht auf »Aus«. Zähl innerlich von eins bis drei, und bei der Drei schaltest du den Schalter ein. Du aktivierst dadurch die Flexibilität und Anpassungsfähigkeit deines Gehirns. So kann es sich wirklich auf die kraftvollste Version deiner selbst ausrichten. Wir machen damit einen Neuroplastizitätsswitch: Die Fähigkeit deines Gehirns, sich neuen Erfordernissen anzupassen, wird aktiviert und gestärkt. Sieh jetzt vor deinem inneren Auge ein kräftiges Rot. Diese Farbe erinnert dich ab sofort an diesen Schalter und daran, dass du ihn einschalten kannst, wann immer du neue Gewohnheiten installieren möchtest.

Atme tief ein und aus und löse die Hände voneinander. Vielleicht hast du gemerkt, dass du dich in dieser unbequemen Position doch wohlzufühlen begannst. Du erkennst, dass Veränderung gar nicht so schwierig ist.

Zähl jetzt innerlich von eins bis sieben, und wenn du bei der Sieben bist, wirst du an einem magischen Ort ankommen, wo du deine schädliche Gewohnheit als ein Wesen wahrnehmen wirst. Siehst du es vor dir? Vielleicht erscheint es dir sogar groß und mächtig. Möglicherweise in der Gestalt eines Gorilla oder einer Comicfigur?

Bei der Sieben angekommen, stehst du direkt vor diesem Wesen. Schau es dir an, blick ihm direkt in die Augen und sprich: »Liebe Gestalt, liebe Gewohnheit, ohne mich gäbe es dich nicht, ohne mich hättest du keine Kraft. Ist dir das bewusst? Liebe Gewohnheit, ich danke dir, dass du da bist. Du hast mir gezeigt, dass ich am Leben bin. Jetzt, in diesem Moment, entscheide ich mich für Liebe, für Kraft, für Selbstkontrolle, für Leichtigkeit, für Leidenschaft, für Begeisterung, für Gesundheit. Ich entscheide mich für die kraftvollste Version meiner selbst.«

Nimm einen tiefen Atemzug. Vielleicht bemerkst du, dass dieses Wesen Widerstand leisten will oder dich sogar überrumpeln möchte. Es gibt jedoch ein Wort, das jetzt zu deinem Anker wird, zu deinem Power-Mantra. Es lautet: stopp!

Mach dazu deinen ersten Power-Move, indem du mit der rechten Hand eine Faust machst und sie zur Brustmitte führst, die linke Hand legst du darauf. Zähl von eins bis fünf und sag so laut und kraftvoll, wie du kannst, stopp zu diesem Wesen. »Eins, zwei, drei, vier, fünf, stopp!« Mach das insgesamt dreimal.

Jetzt kannst du beobachten, wie dieses Wesen immer mehr schrumpft, immer kleiner wird und immer kleiner. Es wird harmlos und zahm, und jedes Mal, wenn du ab heute das Stopp zusammen mit dem Power-Move einsetzt, wird dieses Wesen schwächer und schwächer und dadurch auch deine Gewohnheit.

Entspann jetzt deine Hände und streck eine Hand nach vorn aus. Die Handfläche nach oben. Sieh, wie dieses Wesen immer kleiner wird, so klein, dass es auf deine Hand passt. Stell ihm jetzt folgende Frage: »Was war dein Geschenk an mich? Was konntest du mir geben?« Lass dieses Wesen innerlich zu dir sprechen, denn irgendeinen Sinn und Zweck hat es für dich erfüllt. Egal, ob es dir eine konkrete Antwort geben kann oder nicht, bedanke dich bei ihm.

Sprich nun laut zu diesem Wesen: »Alles, was du mir gegeben hast, kann ich mir auch selbst geben, Sicherheit, Liebe, Kraft, Respekt, Gesundheit, jetzt, jetzt, jetzt.«

Das Wesen befindet sich noch immer auf deiner Hand, und du kannst es sogar hin und her bewegen. Du kannst es auch auf die linke Hand legen. Du merkst, dass du dieses Wesen, diese Gewohnheit beherrschst und nicht mehr andersherum. Spiel ein wenig damit. Dir wird immer mehr bewusst, dass du die Kontrolle über diese Gewohnheit hast.

Nun zählst du von eins bis zehn, und bei der Zehn pustest du das Wesen einfach weg. Jetzt ist es aus deinem Leben verschwunden, und du merkst, wie stark du bist.

Verbinde dich jetzt mit der kraftvollsten Version von dir selbst. Sieh dich, wie du als dieser kraftvolle Mensch durch dein Leben gehst, wie du in der Früh voller Elan erwachst und abends mit einem guten Gefühl einschläfst. Sieh, wie du Dinge tust, die dich erfüllen und mit denen du andere Menschen inspirierst. Sieh dich selbst in deinem ultimativen Lifestyle, der dich in deiner kraftvollsten Version unterstützt. Frage dich, warum du diese Version leben möchtest. Was ist dein Warum hinter deinen Bestrebungen? Warum möchtest du neue kraftvolle Gewohnheiten installieren? Lass die Antwort einfach in dir spürbar werden. Und dann nimm dir so viel Zeit, wie du brauchst, um ins Hier und Jetzt zurückzukehren.

Die Challenge *Gorilla-Technik* in Kurzfassung

- Spür dich frei von der Gewohnheit, die du ablegen möchtest.
- Geh in den Gammazustand: Augen nach oben rollen.
- Sprich laut: »Alle Gewohnheiten, die die kraftvollste Version meiner selbst einschränken oder blockieren, werden erfolgreich entfernt. Neue Gewohnheiten, die mich der kraftvollsten Version meiner selbst näher bringen, werden installiert. Es bilden sich neue Verbindungen in meinem Gehirn und in all meinen Teilen, es sind Autobahnen für neue, gute Gewohnheiten und meinen neuen Lifestyle. Auch wenn ich nicht weiß wie, lasse ich es jetzt zu, dass diese Verbindungen aufgebaut werden. Jetzt. Jetzt. Jetzt.«
- Verschränk die Hände in der ungewohnten Variante und entspann dich. Sprich: »Ich besitze alle Ressourcen, um mich außerhalb meiner Komfortzone wohlzufühlen. Ich habe alles in mir.«
- Zähle von fünfzehn zurück bis eins und denk an die lästige Gewohnheit, bei eins lässt du sie gedanklich los.
- Sieh vor deinem inneren Auge einen Schalter, den du von »Aus« auf »Ein« stellst. Sieh dabei vor deinem inneren Auge ein kräftiges Rot.

- Löse die Hände und zähl von eins bis sieben. Sieh dich an einem magischen Ort vor einem Wesen, das deine Gewohnheit repräsentiert. Sprich: »Liebe Gestalt, liebe Gewohnheit, ohne mich gäbe es dich nicht, ohne mich hättest du keine Kraft. Ist dir das bewusst? Liebe Gewohnheit, ich danke dir, dass du da bist. Du hast mir gezeigt, dass ich am Leben bin. Jetzt, in diesem Moment, entscheide ich mich für Liebe, für Kraft, für Selbstkontrolle, für Leichtigkeit, für Leidenschaft, für Begeisterung, für Gesundheit. Ich entscheide mich für die kraftvollste Version meiner selbst.«
- Mach den ersten Power-Move: rechte Faust zur Brustmitte, linke Hand darauf. Sag dreimal zu diesem Wesen. »Eins, zwei, drei, vier, fünf, stopp!« Schau, wie es schrumpft.
- Setz es auf deine Hand und frage: »Was war dein Geschenk an mich? Was konntest du mir geben?« Sprich dann: »Alles, was du mir gegeben hast, kann ich mir auch selbst geben, Sicherheit, Liebe, Kraft, Respekt, Gesundheit, jetzt, jetzt, jetzt.« Puste das Wesen dann einfach weg.
- Verbinde dich mit der kraftvollsten Version von dir selbst und komm zurück ins Hier und Jetzt.

Insiderwissen

Ich liebe die Gorilla-Technik, denn sie verbindet neueste Erkenntnisse aus der Neurobiologie mit Meditation. Wir haben uns hier die Neuroplastizität des Gehirns zunutze gemacht.

Neuroplastizität ist ein recht neuer Forschungsbereich der Neurobiologie, die herausgefunden hat, dass sich Synapsen, Nervenzellen und auch ganze Hirnareale noch im Erwachsenenalter verändern lassen. Wenn wir von heute auf morgen neue Tätigkeiten in unseren Alltag integrieren wie zum Beispiel Klavierspielen, werden die Hirnareale größer und dichter vernetzt, die bei diesen Aktivitäten genutzt werden. Das funktioniert sogar, wenn man sich nur vorstellt, Klavier zu spielen, die entsprechenden Hirnareale verändern sich trotzdem. Es wurde bewiesen, dass allein durch geistiges Training physiologische Veränderungen im Gehirn stattfinden und sich neue neuronale Schaltkreise bilden.

Man hat aber auch herausgefunden, dass die Anpassungsfähigkeit der neuronalen Anlagen ab dem sechsten Lebensjahr immer mehr abnimmt und wir als Erwachsene es regelrecht verlernen, unser Gehirn an neue Gewohnheiten anzupassen. Aus diesem Grund aktivieren wir mit der Gorilla-Technik die Neuroplastizität, indem wir den entsprechenden Schalter umlegen. Dadurch fällt es uns leichter, neue Verhaltensweisen zu etablieren und die alten zu verändern.

Ein wichtiger Schritt in der Gorilla-Technik ist, dass du dich fünfzehn Sekunden lang auf die Gewohnheit fokussierst, die du deinstallieren möchtest. Wenn wir uns so lange auf ein Thema fokussieren, heißt das nämlich für unser Gehirn, dass es uns wichtig ist.

Die Gorilla-Technik kannst du Schritt für Schritt nutzen und erst einmal mit einer negativen Gewohnheit starten. Immer wenn sie dich einzunehmen droht, könntest du stopp sagen und die Gorilla-Technik anwenden.

Fine-Tuning für dein Leben: Erschaffe deinen optimalen Lifestyle

Nun steht der Endspurt an. Alles in dir, deine Gedanken, dein Geist, dein Körper, dein Gehirn, dein gesamtes System ist jetzt darauf ausgerichtet, immer mehr die kraftvollste Version von dir hervorzubringen. Jetzt geht es nur noch um das Fine-Tuning. Denn ohne wäre dein *Empower-Yourself*-Meisterwerk nicht vollständig. Es geht darum, all die Dinge, die du gelernt und verinnerlicht hast, in deinen Alltag zu integrieren. Es geht darum, dass du für dich entscheidest, wie du leben möchtest und wie du es schaffen kannst, selbst erfüllt zu sein und auch für dein Umfeld ein strahlender Mensch zu werden. Ich habe dieses Buch vor allem aus der Intention heraus geschrieben, dass für alle Menschen, die das wollen, Leid, Schmerz und Selbstsabotage ein für alle Mal enden und sie endlich das leben, was sie sich von Herzen wünschen. Bist du bereit? Dann gebe ich dir nun ein paar Strategien an die Hand, die dich Tag für Tag deinem Erfolg und deinen Zielen näher bringen werden.

Strategien, die dich unaufhaltsam machen

1. »The worst first«: In dem, was dir am schwersten fällt, versteckt sich der größte Erfolg

Tu das Schlimmste als Erstes. Doch wieso das? Ich erlebe es in der spirituellen Szene immer wieder, dass Menschen aus Bequemlichkeit sagen: »Es fühlt sich für mich nicht gut an.« oder »Es fühlt sich nicht richtig an.« oder »Ich fühle, dass das für mich nicht passt.«. Ich muss innerlich meist schmunzeln, wenn ich das höre. Denn sehr oft (nicht immer) ist dieses Gefühl Einbildung: Die Menschen reden sich selbst ein, es sei für sie nicht stimmig, weil sie entweder zu feige, zu faul, zu ängstlich oder zu ego-interessiert sind, um sich für etwas Neues zu öffnen. Könnte es nicht einfach sein, dass man sich nicht eingestehen will, dass ein gewisser nächster Schritt unbequem sein und einen aus der Komfortzone herauskatapultieren könnte?

Es gibt ein Gefühl, das du dir einbildest, weil dein Ego zu bequem ist. Das aber ist nur eine Bremse deiner Selbstverwirklichung. Es gibt aber auch das echte Gefühl. Man könnte es vielleicht sogar die Stimme deines Herzens nennen. Und weißt du, was diese Stimme so besonders macht? Sie ist mutig, zentriert, euphorisch, lebendig und absolut liebevoll. Das Herz entscheidet sich meist für den unbequemen und schwierigen Weg, denn das Herz ist mutig, neugierig und es will Entwicklung erfahren.

Jeder von uns ist so manchen Aufgaben, Challenges und To-dos ausgesetzt, auf die wir keine Lust haben. Diese Aufgaben sollten wir immer als Erstes in Angriff nehmen. High-Performance-Athleten sind Meister darin, sich vollen Herzens auch den Dingen hinzugeben, auf die sie keine Lust haben und die sie sogar hassen. Wenn du diese Dinge eroberst, entwickelst du eine immense innere Kraft und einen Drive, der dich unaufhaltsam macht.

Ich sage nicht, dass du gegen dein Gefühl handeln sollst. Ich sage nur, dass du genau hinhören solltest, woher die innere Stimme kommt. Sei so mutig, dir einzugestehen, dass du von Zeit zu Zeit ein Meister in der Selbstmanipulation bist, und entscheide dich jetzt, den Mut deines Herzens zu leben.

2. Warte nicht auf Motivation!

Wie jeder andere Mensch auch habe ich manchmal einfach keine Lust, in der Früh aufzustehen und meine Dinge zu erledigen. Zwar kommt das heute nicht mehr so oft vor, aber es gibt trotzdem Tage, wo ich mich nicht wirklich motiviert fühle. Was dann besonders wichtig ist: nicht an sich selbst und an allem zu zweifeln und die Vorhaben, die gestern noch so wichtig waren, aufzugeben. Denn genau das passiert so vielen Menschen. Für ein paar Tage können sie ihre Energie hoch halten, dann gibt es einen Tag, wo sie einfach erschöpft sind und mehr Ruhe benötigen – und sie beginnen, an sich selbst zu zweifeln. Das ist unendlich schade!

Warte nicht darauf, dass dich die Muse der Motivation küsst und zu dir flüstert: »Heute bin ich da, also gib alles.« Wenn du immer nur auf die Muse wartest, bist du abhängig von ihr. Tu stattdessen einfach, was zu tun ist, und du wirst merken, dass dich genau dieses Tun dann motiviert.

Motivation entsteht aus dir heraus, wenn du die Dinge in die Hand nimmst, deine Energie bewusst lenkst und deinen Zustand veränderst.

Denn es ist ja die Frage: Zu welcher Art von Menschen möchtest du gehören? Zu denen, dich sich einfach vom Leben hin und her schleudern lassen, oder zu denen, die jeden Tag ihr Bestes geben, ihre Motivation aus sich selbst heraus erschaffen und ihr Leben nach ihren Wünschen kreieren? Stell dir diese Frage, wenn du dich mal down fühlst. Sie wird wirken.

3. Geh jeden Tag einen Schritt in die Richtung deiner Vision!

Es ist vollkommen egal, wie klein oder groß dieser Schritt ist. Wichtig ist, dass du keinen einzigen Tag auslässt und immer dranbleibst. Du gibst damit dir selbst und auch dem Universum das Signal, dass es dir ernst ist mit deiner Vision. Es muss nicht alles von heute auf morgen klappen. Aber wenn du jeden Tag einen kleinen Schritt machst, um an dein Ziel zu kommen, wirst du merken, dass der Weg an sich schon enorm viel Spaß macht und dich bereits erfüllt. Das ist genau der Moment, wo du beginnen wirst, einfach mitzufließen. Deine Motivation und deine Energie werden sich von Tag zu Tag steigern.

4. Nutze das Prinzip des Belohnungsaufschubs!

Belohne dich nach getaner Arbeit oder wenn du deine Tagesziele erreicht hast. Mach irgendetwas, was dir und deiner Seele guttut, auch wenn es etwas komplett Unvernünftiges ist. Wichtig ist nur, dass du dir Tagesziele setzt, und zwar solche, die du mit ziemlicher Sicherheit erreichen kannst. Erst wenn du sie absolviert hast, geht es ans Belohnen. Mach niemals den Fehler, dass du dich zuerst belohnst und dich dann an deine Tagesziele machst. Wenn du aktiven Belohnungsaufschub betreibst, hast du den ganzen Tag hindurch diese kleine Vorfreude. Das kann dein zusätzlicher Motivator sein.

5. The golden Key: Dankbarkeit

Nichts ist kraftvoller als ein dankbares Herz. Dankbarkeit ist wie ein emotionaler Muskel, den du täglich trainieren kannst. Ich möchte dir verraten, wie ich das mache. Jeden Tag morgens und abends vor dem Schlafengehen nehme ich mir fünf

Minuten Zeit, um eine Dankbarkeitsliste zu schreiben. Ich notiere mir Dinge, für die ich in meinem Leben dankbar bin. Es sollten mindestens fünf Punkte sein. Zum Teil sind es auch Dinge, die noch gar nicht eingetreten sind, aber in meiner Wunschrealität schon stattfinden. Auch sie beziehe ich mit ein. Als Letztes steht immer folgender Satz auf meiner Liste: »Ich bin dankbar, dankbar zu sein.«

Es ist enorm wichtig, aus keinem besonderen Grund dankbar zu sein. Dankbarkeit boostet dein gesamtes Schwingungsfeld und polt dich darauf, glückliche Umstände, Erfolg, Freude und Leichtigkeit anzuziehen. Du kannst sogar Dankbarkeit für die Dinge in deinem Leben empfinden, die noch nicht reibungslos laufen. Du kannst auch dankbar sein für die Menschen und Situationen, die dich an deine persönlichen Grenzen bringen. Du kannst auch für deinen Schmerz und deine Trauer dankbar sein. Denn all diese Dinge sind aus einem bestimmten Grund passiert, und sie werden auch in Zukunft passieren. Du lernst daraus und du wächst an all dem.

Sei nicht zu streng mit dir, wenn es Tage gibt, an denen du nicht in die Gänge kommst und deine Challenges nicht absolvierst. Vielleicht benötigt dein Körper oder dein Geist einfach mal eine kleine Auszeit und Ruhe. Gönn es ihnen von Herzen. Jeder Tag ist anders, und du bist jeden Tag ein neuer Mensch. Gib dir selbst Raum und Zeit, dich zu entfalten. Freu dich auf die beste Version, die du selbst jemals werden kannst, und komm ihr Schritt für Schritt näher.

Du hast viel zu geben!

In meinem Leben habe ich mich oft gefragt: Was, wenn ich nichts zu geben habe? Was, wenn ich keine sinnvolle Aufgabe auf dieser Erde erfüllen kann? Was, wenn ich nicht gut genug bin für die Erde? Die Antworten sind nicht leicht zu finden. Aber: Vielleicht geht es im Leben gar nicht darum.

Hast du dir auch schon einmal solche oder ähnliche Fragen gestellt? Wenn ja, dann weißt du bestimmt ganz genau, was ich meine, wenn ich von diesem inneren Schmerz und der Angst spreche, nicht bedeutungsvoll zu sein und fehl am Platz. Was ich in diesem Buch mit dir geteilt habe, entspringt meinem tiefen Wunsch, das Leiden auf der Erde zu verringern. Denn so oft leiden wir, weil wir denken, nicht gut genug zu sein und nichts zu geben zu haben. Aber das ist nicht wahr. Du bist hier, weil du einen Unterschied machen kannst, weil du etwas verändern kannst – und dafür musst du dich nicht verändern oder anpassen, sondern jeden Tag etwas mehr zu dir selbst und deiner Essenz vorstoßen. Genau darauf hat unsere *Empower-Yourself*-Reise abgezielt.

Es gibt heute immer noch Tage, an denen ich an mir zweifle und diese alten Schmerzen hochkommen. Aber das ist okay, denn dieser Restschmerz erinnert mich daran, wieso ich hier bin. Ich bin hier, um meinen Mut und meine Kraft zu finden, egal was geschieht. Genau dies wollte ich mit dir teilen, und ich hoffe, es ist mir gelungen. Es war mir eine Ehre, mit dir diese Reise machen und dich inspirieren zu dürfen.

Ich wünsche dir ein unaufhaltsames Beben in deinem Herzen, das dich tagein, tagaus an das größte Wunder erinnert: an dich, dein Leben und alles, was du zu geben hast. Ich glaube an dich!

Mein Dank

Ich wäre nicht der Mensch, der ich heute bin, wenn da nicht all diese wundervollen Menschen und Wesen in meinem Leben wären, die mich begleiten, lieben und auch herausfordern. Mein größter Dank gilt meinen Eltern, die es mit mir nicht immer leicht hatten, aber nie aufgehört haben, an mich zu glauben. Eure Liebe und euer Vertrauen haben mich getragen und beschützt. Danke. Ich möchte mich bei meiner Erdenfamilie bedanken, vor allem bei Öznur, Özlem, Reinhard und Noah. Ihr seid meine größte Inspirationsquelle. Ich danke euch von Herzen für all die Liebe, die ihr mir gebt. Zu meiner Erdenfamilie gehören noch so viele weitere Menschen, ohne die mein Leben nicht so strahlend und leuchtend wäre – danke. Und dann gibt es noch meinen größten und leuchtendsten Stern, diesen Stern, der mir in den dunkelsten Stunden meines Lebens gezeigt hat, wofür es sich zu leben lohnt. Danke, Jeffrey! Ich danke dir, dass du so bist, wie du bist, und dass du nie aufgehört hast, an dich zu glauben. Und falls doch einmal, dass du immer wieder damit begonnen hast. Ich garantiere dir, es lohnt sich! Du bist wundervoll.

Bahar Yilmaz

Das Channel-Praxisbuch
der neuen Zeit

Wegweisende Botschaften aus der Geistigen Welt empfangen,
die konkreten Rat und Hilfe bieten: Das ist Channeln. Diese mediale
Fähigkeit ist in jedem Menschen angelegt – sie muss nur aktiviert werden.
Wie das geht, zeigt Bahar Yilmaz in ihrem Praxisbuch, das keine Fragen
offenlässt. Schritt für Schritt und mit vielen praktischen Übungen wird es
möglich, sich mit den höchsten Energien des Universums zu verbinden
und diese im eigenen Leben zu nutzen.

978-3-7787-7476-2

Leseprobe unter **www.ansata.de**

Ansata

Bahar Yilmaz

Die Energien
der Aura nutzen

Die derzeitige Schwingungserhöhung unseres Planeten hat große
Auswirkungen auf unser Bewusstsein, unseren Energiekörper und
insbesondere auf die Aura. Wie wir diese Energien für ganzheitliche
Heilung, spirituelles Wachstum und ein erfülltes Leben nutzen können,
zeigt Bahar Yilmaz in diesem Buch. Sie bietet ein umfassendes
Praxisprogramm, mit dem jeder die eigene Aura und die anderer
Menschen wahrnehmen und harmonisieren kann.

978-3-7787-7474-8

Leseprobe unter **www.ansata.de**

Bahar Yilmaz

Heilende Energien empfangen und weitergeben

Die Energien der Geistigen Welt sind ein unerschöpflicher Quell der Heilung für Körper, Geist und Seele. Trance Healing bietet die einzigartige Möglichkeit, diese Kräfte in die richtigen Bahnen zu lenken und gezielt zu nutzen. Bahar Yilmaz zeigt, wie man diese neue, faszinierende Methode selbst erlernt, um sie bei sich und anderen anwenden zu können.

978-3-7787-7452-6

Leseprobe unter **www.ansata.de**

Ansata

Bahar Yilmaz

Durch Yoga die eigene Medialität entdecken

Der wohl geheimnisvollste Teil des Yoga: die Siddhis – übersinnliche
Fähigkeiten wie Hellsehen und Hellfühlen, die in jedem Menschen
angelegt sind. Bahar Yilmaz und Pascal Voggenhuber machen die Siddhis
zugänglich für alle, die ihre eigene Medialität entdecken wollen.
Schritt für Schritt zeigen sie, wie durch geheime Yoga-Praktiken
verborgene Bewusstseinskräfte aktiviert, ausgebildet und für eine
positive Lebensgestaltung genutzt werden können.

978-3-453-70280-6

Leseprobe unter **www.heyne.de**